Apuntes para el Mi[ni]sterio Hispano

RAMON PONS

DEDICATORIA

A la *Sagrada Familia de Nazaret*, modelo de migrantes.
A los que, al emigrar, derraman su sangre en las fronteras.
A los que, conscientes de su propia condición de migrantes por la vida,
saben que peregrinan a la Jerusalén del cielo.

CONTENIDO

AGRADECIMIENTOS

Un sincero agradecimiento a todos aquellos que hemos caminado juntos.
A Maximino Cerezo Barredo, por dejar su obra al servicio de todos.

1

UNAS PRIMERAS PALABRAS

Hace unos años conversando con Luis, su acento me motivó a preguntarle por su país de origen. Esta pregunta es bastante frecuente entre nosotros, aunque casi nunca se puede responder con precisión. Cuando me dijo "Soy mexicano, nacido en Nicaragua", no pude negar que su respuesta me provocó risa en aquel momento. Me tomó varios años comprender su respuesta. Pasó un largo tiempo hasta que pude comprender lo que realmente quería expresar. Así lo entendí: No importa de dónde vengas, los demás van a asumir que perteneces al grupo de inmigrantes mayoritario. ¿Estereotipo? Puede ser. También puede ser un gran desconocimiento de la realidad latinoamericana y creer que México empieza en Tijuana y termina en Tierra del Fuego, Chile.

A todos nos consideran mexicanos, sin importar de dónde vengamos. De cualquier manera, los migrantes en California compartimos todos la misma suerte, sufrimos los mismos problemas y, probablemente, compartimos las mismas esperanzas.

El hecho de que no asumamos nuestra condición o nos falte conciencia de nuestra realidad no significa, de ninguna manera, que no la vivamos y compartamos. Muchas veces las ocupaciones de la vida y la necesidad de sobrevivencia no dejan tiempo para pensar y tomar conciencia de la realidad. Por eso también nos vemos en problemas y situaciones en donde un poco de información podría ayudar considerablemente a sortear muchos problemas en el presente y en un futuro no muy lejano. Ciertamente acá, desde la experiencia migrante, se puede decir que no hay vida. Aquí no se vive, se sobrevive. Vida, en

América Latina, con todo su color y sabor. Acá, de este lado de la frontera, el precio es caro, y las oportunidades de disfrutar de los placeres de la vida son más bien escasos.

Una mirada a la experiencia humana en la Biblia nos descubre inmediatamente la realidad de la condición migrante de la vida. Desde la expulsión de los primeros padres del paraíso, pasando por el largo éxodo de 40 años en el desierto hacia la tierra prometida, la experiencia en el destierro a Babilonia hasta llegar a la misma vida de Jesús, marcada por un continuo desplazamiento entre distintos lugares. No digamos la vida de los apóstoles.

Así como cada año, en la cena pascual, los judíos reviviendo el evento como si fuera la primera vez, en aquella confesión de fe que aparece en Deuteronomio 26, 5: "Mi padre era un arameo errante..."

Basta una pequeña mirada a Jesús, tal como los presentan Mateo y Lucas, para comprender su exilio en Egipto y sus desplazamientos entre Galilea y Jerusalén. El mismo Resucitado envía a sus apóstoles a ir por todo el mundo, con una misión específica, a anunciar el Evangelio. Y ya en los primeros siglos del cristianismo, en su temprana expansión, la condición migrante del cristiano queda expresada en el capítulo 5 de la carta a Diogneto, que, salvando las distancias, en el tiempo y en el espacio, pareciera que describe a los anhelos profundos del ser migrante hoy día.

Esta "carta a Diogneto" es una pequeña obra apologética de autor desconocido, escrita probablemente en el siglo II de la era cristiana, como respuesta a algunas preguntas planteadas por Diogneto, en la que el autor trata de explicar las creencias y modo de vida de los cristianos:

5 [1]Para los cristianos ni el país ni la lengua ni las costumbres son diferentes a las de otras personas. [2]No viven en ciudades propias, ni utilizan un lenguaje raro, ni viven de una manera que llame la atención. [3]Ni tienen un pensar o cosa inventada por la curiosidad de los hombres, ni promueven alguna doctrina humana, como hacen algunos. [4]Viven en ciudades de griegos y bárbaros según la suerte que les ha tocado, y siguen todas las costumbres locales en el vestido, los alimentos y otros asuntos de la vida, y todos se maravillan de su manera de vivir. [5]Residen en su propio país como extranjeros; con todos comparten las responsabilidades civiles y sufren todas las vejaciones como extranjeros. Toda tierra extraña para ellos es patria, y toda patria es extranjera. [6]Se casan como todos y tienen hijos, pero no abortan. [7]Comparten la mesa, pero no la cama. [8]Son de carne, pero no viven según la carne. [9]Habitan en la tierra, pero son ciudadanos del cielo. [10]Obedecen las leyes establecidas y su forma de vida supera las leyes. [11]A todos aman y por todos son perseguidos. [12]Se les ignoran y condena; y al

darles muerte se les da vida. 13Son pobres, y enriquecen a muchos. [14]Se les deshonra y en la deshonra se les da gloria, se habla mal de ellos y aun así son reivindicados. [15]Se les insulta y ellos bendicen; sufren abusos, y ofrecen alabanza. [16]Cuando hacen el bien, son castigados como malhechores, y en ese castigo se alegran como si recibieran vida. [17]Los judíos y gentiles hacen guerra contra ellos y los persiguen como a extraños; y los que les aborrecen no pueden decir por qué razón los odian.

De la Carta a Diogneto (Cap. 5; Funk, Patrum Apostolicorum, I, 316-319)

En estas notas quiero compartir nuestra experiencia en la migración, responder algunas interrogantes como quiénes y cuántos somos, cómo vivimos y qué podemos hacer para dignificar nuestra vida un poco y qué podemos esperar como ayuda de los que han quedado del otro lado de la frontera.

Se trata simplemente de unos apuntes. No hay referencias rituales de cómo hacer ciertas celebraciones que no aparecen en los libros oficiales. Con ellos, sólo espero contribuir a la reflexión sobre nuestra realidad. No se trata de una presentación exhaustiva de todo lo que concierne al ministerio hispano, quedando así material para una segunda o tercera parte de este tema en otros libros.

Existen documentos oficiales que de manera puntual tratan el ministerio entre hispanos. No los he ignorado. Simplemente los he dejado a un lado. Muchos de ellos parecen no llegar a aterrizar a la realidad concreta y se quedan nada más en proyectos sin pasar nunca a la práctica.

2

EL MIGRANTE COMO INDIVIDUO

En los últimos años el fenómeno migratorio en el mundo ha pasado a ser una verdadera preocupación para los Estados. Una gran cantidad de gentes desplazadas por razones de la guerra, las condiciones climáticas, del suelo, las enfermedades... Las razones son muy diferentes, aunque todas tienen un punto en común: vivir en el lugar de siempre ya no resulta tan fácil y se hace necesario un cambio. En vez de cambiar las condiciones de vida, se opta por el cambio de lugar. Detrás quedan los problemas que obligaron la necesidad de marchar hacia tierras diferentes, pero adelante, en marcha, se encuentran otros tan difíciles como los primeros.

No hay más que darse una vuelta por los noticieros de cualquier país. Las palabras amables sobre la migración son pocas. El migrante es sospechoso. ¿Qué trae consigo? ¿De qué situación viene?... Pero también hay preguntas que miran no solamente al pasado y origen del migrante sino también a su futuro: ¿Asimilará su nueva cultura local o se convertirá un elemento discordante? ¿Será capaz de integrarse en su nuevo ambiente? ¿Aprenderá los valores culturales locales o más bien permanecerá anclado en los suyos? Lo cierto es que la migración es asunto pasional tanto para los del lugar que recibe como para el que viene llegando.

Por eso es conveniente acercarnos a la persona del migrante. Tratar de conocerlo y comprenderlo lo más posible. Aunque es un tema inagotable, se hacen necesarias algunas consideraciones sobre el migrante como individuo.

A. ¿De dónde viene el migrante?

Aunque parezca paradójico, es más fácil y mucho menos complicada la respuesta a la pregunta ¿De dónde no viene?

Hoy día hay mucho problema con la migración desde los países del África continental hacia los países de Europa. Muchos de ellos más que migrantes son refugiados que huyen de la guerra o de condiciones de vida infrahumanas. Para nuestro caso, lo que nos interesa es comprender el fenómeno migratorio que encontramos en el norte de California.

En el 2015, el país que menos inmigrantes hacia Estados Unidos tenía era Paraguay. Esto no tiene nada que ver con las condiciones sociopolíticas del país, sino que simplemente se registraba una migración bien baja. La proporción de migrantes venidos del lejano sur del continente (Argentina, Chile, etc.) es reducida en comparación a los inmigrantes venidos del cercano país de México.

Para ese mismo año, se calculaba que de los 56 millones de latinos en los Estados Unidos la presencia mexicana era superior a los 35 millones de personas.

Asumir que la mayoría de los latinos que encontramos en el norte de California son de origen mexicano es algo que se puede hacer con un margen de error muy bajo. Lo que no significa que no encontremos latinos de otras procedencias, pero las cantidades son insignificantes.

La frontera con México convierte a los Estados Unidos en un país de esperanzas. Se podría hablar de cierta voluntad del mexicano para emigrar a los Estados Unidos sino fuese una migración forzada por las condiciones de vida que se encuentran en los lugares de origen: falta de empleos, hambre y desnutrición, escasas oportunidades para la formación académica, y, en los últimos años, la inseguridad ciudadana.

Para algunos, en la base de la actual inmigración "ilegal" que proviene de México está la finalización abrupta del programa "Bracero" de los años 40, sin encontrar una solución que sirviera a ambos lados de la frontera. Las necesidades humanas por un lado y la necesidad de mano de obra barata por el otro continuaron en ambos lugares, pero el medio legal para cubrirlas había desaparecido.

Se pierde en la noche oscura de la historia el origen de la frase, -atribuida por algunos a Porfirio Díaz: "¡Pobre México, tan lejos de Dios y tan cerca de Estados Unidos!". La distancia de Dios, no lo comparto, pero la cercanía con Estados Unidos tiene implicaciones prácticas de nefastas consecuencias.

En el caso de México, uno de los primeros problemas que la cercanía con los Estados Unidos representa es el abandono del campo.

Aunque el mismo fenómeno se verifica en Europa, las causas son diferentes. Hoy fácilmente se puede comprar un pueblo en España porque ya nadie vive en él ni lo visitan durante las vacaciones. El descenso en la tasa de natalidad y, al mismo tiempo, el envejecimiento de la población, han llevado a crear espacios vacíos que ni siquiera el auge de la migración puede llenar.

La fuga de cerebros es un grave problema, consecuencia de la migración, tanto para el país de origen como el de llegada. Las personas académicamente preparadas, que han tenido varios años de formación en diversas artes son, muchas veces, los primeros en abandonar su país de origen por las pocas oportunidades que tienen para desarrollarse y la falta de empleo. Esto es una sangría para cualquier país.

Cerezo Barredo, Batatais Brasil.

B. ¿Hacia dónde va el migrante?

Hay en el libro del Génesis un relato que no deja de ser sorprendente. Con el tiempo, he llegado a pensar que cada migrante tiene su "José" que le espera en cualquier lado.

Fue José uno de los trece hijos de Jacob. (Generalmente se piensa que son doce, y realmente fueron doce los varones, pero hubo una mujer, Dina, de la cual hay escasa referencia en la Biblia). Hijo de

Raquel, la amada. La envidia de sus hermanos, por ser un soñador, hizo que, en vez de matarlo, lo vendieran como esclavo y así llegó a Egipto. Cfr. Génesis 37, 2-36.

En Egipto José llegó a ser de extrema confianza para el faraón después de interpretar el sueño de las siete vacas gordas y siete vacas flacas. Cfr. Gén 39, 7 - 41, 36.

Al llegar los años de extrema pobreza, los hijos de Jacob fueron a comprar granos a Egipto. Allá José los reconoció, pero ellos no sabían quién era él. Cfr. Gén 42, 1 – 45, 14.

Finalmente, José los recibe en Egipto. Por la bondad del faraón, consiguen buenos puestos de trabajo.

Independientemente de cómo se fragüe el inicio del proceso migratorio, y aunque parezca una aventura total, siempre se encuentra un enclave al que llegar en el país de destino. Alguien que te recibe, tu "José".

Cabe preguntarse si será esta la causa de cierta estructura migratoria que puede observarse comúnmente en cualquier lugar. La mayoría de la gente procedente de un mismo lugar de origen se dirigen al mismo lugar de destino. Así aparecen pueblos enteros trasvasados en los lugares de llegada.

Para poner un ejemplo, déjeme citar un caso muy concreto. Tejas de Morelos es un pequeño lugar en la región de Ocotlán de la Oaxaca de Juárez, México. Hace unos años, probablemente ya más de cuarenta, uno de sus habitantes, Armando Ortiz, llegó a Petaluma, en el norte de California. Desde entonces se estableció un patrón migratorio donde los migrantes procedentes de Tejas de Morelos llegaban a Petaluma. Allí alguien los recibía y al poco tiempo iban estableciéndose en ese nuevo lugar.

Se podría decir que es en un segundo momento cuando las personas empiezan a dispersarse por otras poblaciones en el lugar de destino.

No hay que ignorar que al tener un "José" las garantías de la bondad no son por largo tiempo. Y a Dios gracias que así es. El migrante que llega es impelido inmediatamente a buscarse un trabajo para pagar los gastos que ocasiona. E iniciar su vida independiente.

C. El "sueño" del migrante.

Muchos pueden pensar que es ese famoso "sueño americano" que nadie sabe lo qué es y algunas veces parece pesadilla. Pero de entre los muchos sueños y proyectos que tiene el migrante, el más común y del cual no se quiere despertar, es del sueño de algún día poder regresar a su lugar de origen.

Si hay algo que va permeando la conciencia del migrante mexicano, no queda mejor reflejado que en la "Canción Mixteca" de Jose Lopez Alavez. Sin embargo, "México, lindo y querido" de Jesús -Chucho- Monge, ha sido más efectiva en desarraigar al inmigrante de ataduras en el nuevo lugar en que vive.

Como si fueran migrantes judíos al terminar la celebración de la pascua: "El año que viene, en Jerusalén". El migrante de aquí siempre planea volver a su terruño "el año que viene". Para estas navidades... Para los carnavales... De hecho, siempre aparece una fecha cercana para cuando está próxima la partida que emprende el regreso. Y nunca faltan complicaciones que lo van aplazando una vez más. Pero siempre queda aquello de: "el año que viene..."

Arriba comentamos el problema del programa "Bracero" que terminó sin ofrecer alternativas para ambos lados de la frontera. Sin embargo, una de las fáciles ventajas de este era la provisionalidad de la migración. Era una cuestión temporal. A lo más, se iba, de acuerdo con las cosechas, a distintos lugares.

Aunque este no es el modelo ideal de migración, pues al que menos conviene es al mismo migrante y su familia, no hay que negar que llegó a calar en lo más profundo de la realidad del migrante como individuo.

Nunca faltan complicaciones de la vida en el lugar de origen. La migración se ve como una posibilidad de saldar las deudas (incluidas las del coyote) y poder "construir" un jacal. Regresar y hacer la familia... Esta provisionalidad justifica que no se tenga interés por aprender la lengua del lugar y mucho menos para iniciar el proceso de integración. Y aunque pasen los años, se sigue con el mismo sueño.

Cerezo Barredo, Por la Vida, 1988

3

LA FAMILIA MIGRANTE

Se dice que la familia es la célula, o en todo caso, el elemento primario de toda sociedad. A ella se llega por medio del matrimonio -como institución-, pero la familia se forma, también, de diversas maneras. La familia, como unidad, agrupadas con otras, forma la sociedad y como resultado el país. ¿Quieres destruir un país? Destruye las familias.

No hay que negar que, en las circunstancias actuales, nos encontramos ante muchas situaciones de familias de hecho. Se establecen relaciones duraderas que más tarden derivan en relaciones familiares.

Hoy, como ayer, y según lo demuestran las estadísticas, existe un alto número de familias monoparentales. El número de madres solteras dentro de la población hispana es bastante alto. Sin embargo, esta realidad no es exclusiva de nuestro tiempo ni de la época o patrones culturales en que nos encontramos. También en el pasado, en poblaciones de mayoría católica, en donde, aparentemente, ser católico era más fácil porque además de la fe se vivía desde la cultura, existía un alto número de madres solteras. Nada más tiene uno que darse una vuelta por documentos antiguos que hoy día son disponibles gracias a la Internet para comprobar esta realidad.

Es conveniente tener en cuenta que el matrimonio, romanticismos aparte, se basa en la realidad de las leyes de contratos. Por más que se quiera idealizar la situación, al final -y al principio- nos encontramos ante un contrato entre dos personas.

La regulación de estas relaciones por la sociedad es lo que nos da las familias de derecho. Cuando este dato es sancionado dentro de una comunidad eclesiástica, entonces tenemos el matrimonio como sacramento.

Pero para este momento, no interesa saber cómo se formó o se llegó a la familia, sino considerarla desde la óptica de la migración.

En nuestro contexto, la migración de la familia es más bien algo raro. Prácticamente se puede decir que la familia no emigra, salvo casos excepcionales cuando hay conflictos bélicos en los lugares de origen. Lo más frecuente en nuestro caso es que la familia se establece tras la migración.

Aunque se podría considerar que la emigración de jóvenes varones es la más común, también hay que considerar que la emigración de mujeres jóvenes. Aunque pudiera suceder que gente del mismo lugar se llegaran a encontrar y establecer como pareja y familia mientras ambos viven la experiencia de la migración (por alguna fiesta de paisanos comunes), lo más frecuente es establecer una relación con alguien con quien al menos se comparta el idioma como elemento común.

El problema que encontramos es que dos personas, con un proyecto migratorio usualmente a corto plazo (pensando regresarse lo más pronto posible, cuando las circunstancias lo permitan) se unen simplemente o contraen matrimonio civil e incluso, las menos, matrimonio religioso y entonces la permanencia en el exterior va solidificándose y adquiriendo cierta permanencia, sobre todo cuando van apareciendo los hijos. Y así, como quien no quiere la cosa, se va formando la familia. La idea o el sueño de regresar al lugar de origen va siendo más difícil cada día y los compromisos cada vez más abundantes.

Cuando una familia emigra no suele ser algo intencional. Más bien la familia se forma a partir de la condición migrante del individuo. Generalmente son los jóvenes mexicanos, en su mayoría varones, quienes emigran con idea de temporalidad. Al norte se viene por el tiempo suficiente para pagar la deuda del coyote y otras cuentas pendientes en el lugar de origen, trabajar lo suficiente para construir una casa o asegurar una propiedad y regresarse a la primera oportunidad que se tenga. La mayoría de las veces no ocurre así. El tiempo pasa sin poder realizar aquellos objetivos del principio. Los que emigraron solteros, van poco a poco estableciéndose y buscando el modo de hacer familia y los que emigraron casados procuran traer su esposa e hijos. No son pocos quienes muchas veces deshacen los lazos familiares que dejaron en su lugar de origen y establecen otros nuevos en el lugar que han llegado.

Una de las grandes diferencias entre la población hispana y el resto de los Estados Unidos es el concepto de familia. La población mexicana tiene una idea de la familia extendida bastante amplia, donde relaciones de parentesco que se alejan son nuevamente reforzadas y nuevamente involucradas en el lazo familiar cuando aquellos que son primos terceros o más lejanos pasan a ser considerados como tíos.

La presencia de los ancianos en la familia contrasta con la reclusión por parte de los americanos en las casas y asilos de ancianos, lejos del entorno familiar. La enfermedad del anciano es vivida por toda la familia, muchas veces viniendo a convertirse en el centro de referencia de la familia, cuando su contraparte americana vive su enfermedad y muere en soledad, atendidos por personal extraño.

Distinto a lo que puede ocurrir en su lugar de origen, los niños de las familias hispanas son altamente valorados. A veces no se puede distinguir quién es que realmente gobierna la casa. Actitudes en los niños que en nuestros países de origen pueden ser consideradas como insolencias acá son ignoradas y pasadas por alto cuando no celebradas. Algunas veces los niños asumen altas responsabilidades que no le corresponden por su edad al tener que convertirse en los traductores de los padres. De hecho, valoran mucho la opinión de los niños en lo que serían las decisiones de orden vital que debe tomar la familia.

Algunas familias vienen de ciudades grandes, pero son la minoría. La migración está muy relacionada con el lugar de origen, haciendo que se concentren familias de un mismo lugar de origen en determinados lugares. Aquellas familias que proceden de lugares pequeños como caseríos, ranchos, campos o pequeños poblados son las que tienen que confrontar mayores dificultades en el lugar a donde han emigrado.

Los hijos

En la relación dinámica entre padres e hijos desde el aspecto de la migración, se puede observar como los primeros hijos tienen una mayor relación con el lugar de origen de los padres, aunque ellos no hayan nacido allá. Cuanto más distante es la posición del primero y del último de los hijos, el lazo afectivo en el proceso migratorio con el más pequeño es cada vez menor.

Muchas veces impulsados por la recta conciencia y el amor, los padres no se dan cuenta de la realidad: los hijos cuestan dinero y hay que pagar el precio. Desde cosas tan elementales como son los gastos particulares que se realizan por los hijos en insumos que solamente ellos consumen, como la alimentación y la ropa personal, por decir unos pocos, hasta los gastos que se incurren por su presencia en la familia: renta y gastos comunes. Para poner un ejemplo de lo que significa un hijo miremos los asientos en el carro o vehículo familiar. Un bebé puede ser transportado en un avión y no ocupará un asiento completo. Pero si el mismo bebé debe ser transportado en un vehículo, va a ocupar el mismo espacio que una persona adulta. Una familia con tres hijos necesita un vehículo que al menos pueda transportar a cinco personas.

El Departamento de Agricultura de los Estados Unidos, de cuando en cuando actualiza los cálculos del coste de los hijos. Ofrecer una cifra completa es un poco difícil, pero se estima que una familia de medianos ingresos puede estar gastando cerca de 250 mil dólares por llevar un niño de cero a dieciocho años.

¿De dónde salen esos gastos?

Si uno tiene en cuenta que, de acuerdo a la edad del niño, las necesidades son diferentes y por lo tanto habrá diferentes gastos, además, el lugar en donde se viva es un elemento a tener en cuenta, porque hay lugares donde la vida es más cara que en otros. Sin embargo, existen unos cuantos elementos de los que no nos es posible prescindir:

- Alimentación: Los gastos por la dieta adecuada en las cantidades necesarias para cada edad.
- Higiene: desde los pañales de bebé hasta el gel del pelo en la adolescencia.
- Ropa y calzado: Cantidad básica y adecuada al clima y la edad.
- Educación: Insumos y meriendas… Aún asistiendo a la escuela pública la familia tiene gastos diversos relacionados al campo de la educación.
- Atención médica: Gastos por medicamentos y otros insumos en área de la atención a la salud.
- Vivienda: La necesidad de suficientes habitaciones en la vivienda familiar.
- Ocio y juguetes: Diferentes de acuerdo con las edades y los intereses. Y si a partir de cierta edad se añaden los productos tecnológicos, los gastos se incrementan.
- Muebles y enseres: Como la cuna o cochecitos, cama, cambios

en almohadas y sábanas, etc.

- Costos corrientes de la vivienda: agua, luz, gas, comunicaciones, basura…
- Otros gastos: Como el cuidado de niños y actividades extraescolares, cumpleaños, regalos…

Para el 2018, el costo promedio de la crianza de un niño desde 0 a 18 años para las áreas rurales estaba calculado en $193,020 y en las áreas urbanas, un promedio de $233,610. El Departamento de Agricultura distribuía estos gatos en 18% por comida, 29% por habitación, 15% en transportación, 9% cuidado médico, 6% ropa, 16% cuidados del niño y educación y 7% gastos diversos.

Para una referencia sobre este dato, apunte la cámara de su teléfono al siguiente código QR (verificado en Nov. 2019):

Tener gastos por los hijos no es realmente el problema. El problema es que después de tantos gastos, los hijos queden posicionados en la vida en peor o igual circunstancias que los padres.

Cuando un estudiante decide abandonar los estudios antes de finalizar los 12 primeros años de estudios, se condena a ganar de por vida el salario mínimo. Este salario es solamente un salario de supervivencia, pues no alcanza para cubrir las necesidades básicas de la vida para una persona.

Si a estos doce años se le añaden seis u ocho años más de estudios, el incremento en el salario es considerable, hasta llegar a poder ahorrar cerca de un millón de dólares en un tiempo no superior a diez años.

El problema generalmente está en la responsabilidad de los padres. Los hijos aprenden más por el ejemplo que por las palabras. Si ellos ven padres interesados en superarse a sí mismos cada día entonces los hijos seguirán el proceso. Si los padres solo están lamentando sus decisiones de vida, pero no hacen nada por cambiarlas, los hijos serán tan conformistas como los padres y la familia se tendrá que contentar con sufrir y padecer.

El Departamento de Trabajo de los Estados Unidos mantiene una lista de las profesiones y salarios anuales que devengan. Una mirada a esta lista puede darnos una idea de la conveniencia de la formación académica de los hijos para que queden bien posicionados en la vida. Esta lista de referencia está actualizada al año 2018.

La dirección de Internet, aunque un poco complicada, es la siguiente:
https://www.bls.gov/oes/current/oes_nat.htm?fbclid=IwAR3-NQRMV4NGptey0wN8_9yHHE-sfreFY4Ey_5ahDkTytd3oa3MfHgo2aG8

Para facilitar el acceso, puede usar https://qrgo.page.link/a3BF, que, a noviembre de 2019, lleva a la misma anterior dirección. Lo mismo puede enfocar con la cámara de su smartphone o un lector de código QR que le llevará a la misma dirección:

Educación

Tristemente las estadísticas destacan el escaso nivel académico de la población hispana. Se comprende que el éxito en la vida no está necesariamente ligado a las buenas calificaciones o a la formación académica, sino que influyen otros factores y en los años recientes se considera que la mejor herramienta para ello es la inteligencia emocional. De cualquier manera, una mayor oportunidad de formación ayudaría a sortear las dificultades de la vida.

Cuando una persona abandona la escuela, se condena al salario mínimo. De seis a ocho años de escuela sobre el diploma de educación general básica (los doce primeros años de escuela) el incremento salarial puede llegar a ser sobre mil dólares a la semana.

Es triste que la presencia hispana en las escuelas sea muy grande en los primeros grados y conforme van subiendo los grados va aumentando la deserción escolar. De 100 niños que empiezan en el primer grado menos de la mitad terminan la educación secundaria y no llegarán al 10% los que alcancen una formación universitaria.

Ser pobre sale caro. "Pobre del pobre que al cielo no va, se fastidia aquí, se fastidia allá".

Juventud

Muchos padres de familia se esfuerzan por conservar la lengua materna en los primeros hijos, pero el influjo del inglés es muy fuerte y conforme se van alejando en número los hijos del primogénito, hablan más el inglés que el español, ampliando de esta manera la barrera intergeneracional.

La ausencia de los padres del entorno familiar debido a las

condiciones del trabajo hace que muchas veces quieran suplir con cosas materiales esta deficiencia. Los padres procuran darles a sus hijos las cosas que ellos no tuvieron sin darse cuenta de que de esta manera los hijos se van educando sin padres. Una de las consecuencias de esta situación es la pérdida de valores en la juventud. Ya no se va teniendo el mismo concepto de los valores familiares. Esta ausencia durante la adolescencia es un factor contribuyente al abandono escolar y la integración en las pandillas.

La falta de disciplina en la casa, la pérdida de la estructura jerárquica en las relaciones familiares y la confusión de roles en el hogar (los hijos asumen responsabilidades de los adultos) conducen a muchos jóvenes a buscar suplir esta carencia con la estructura sólida y clara que le ofrece la pandilla. Estaría bien si nuestros jóvenes se integraran en las pandillas para canalizar sus energías para construir algo positivo pero lo que ocurre muchas veces es que quedan a merced de un líder arbitrario que los induce a delinquir.

Los jóvenes son quienes más rápido se adaptan al proceso de integración en la sociedad americana. Precisamente por esto viven en una tensión dialéctica al tener que, por un lado, conservar la estructura familiar hispana, la lengua y los valores de la comunidad hispana y por otro aprender a integrarse dentro de la sociedad americana. Cuando ese proceso se vive como síntesis de ambas realidades se puede considerar como un dato positivo. Al mismo tiempo, esto exige en ellos desarrollar un sistema de pensamiento que solamente comparten aquellos que viven una situación similar. Ni sus coetáneos de la parte americana ni los de la parte completamente hispana pueden desarrollar el cerebro de tal manera. Lástima que muchas veces esta habilidad no se aprecia ni es tenida en cuenta, cuando no se ve como una dificultad para una asimilación completa dentro de la estructura americana.

Permítame decirlo de otra manera: ¿Acaso no parecen "más listos", al menos con más chispas, los niños que viven en países donde sólo se habla una lengua? Llegan a dominar su lengua casi a la perfección. Se podría decir que son superdesarrollados al menos en cuanto al lenguaje se trata. Es como si el niño que sólo habla inglés o español fuese más listo (aparentemente). Sin embargo, el joven bilingüe tiene la habilidad de moverse como pez en agua entre esos dos mundos. Y muchas veces esto no se valora.

4

LA IGLESIA MIGRANTE

Durante los años de formación para el ministerio sacerdotal, uno de los abundantes temas que se estudian en la preparación teológica de los presbíteros y diáconos es la escatología. Esa rama que trata de las realidades últimas, a las que sólo nos podemos acercar por analogía, pues no tenemos ni las ideas ni las palabras acertadas para poder expresarnos de ella. Siempre, mientras vivamos en este mundo, estamos limitados por las categorías espacio-temporales. Y nos vemos en la necesidad de usarlas para poder hablar de las realidades últimas. Por eso nos referimos al cielo y al infierno como lugares, al purgatorio como tiempo, y así podremos encontrar innumerables ejemplos.

Sin embargo, uno de los conceptos que se manejan en la escatología es el "ya, pero todavía no". Existen realidades que ya se han verificado y están presentes entre nosotros, pero todavía no han alcanzado su máxima expresión.

Es dentro de este contexto que debemos mirar la Iglesia. Y al referirnos a una Iglesia migrante, debemos reconocer primero que toda ella, en donde se encuentre, es migrante. Así lo expresa la Plegaria Eucarística III:

"Santo eres en verdad, Padre, […]
y congregas a tu pueblo sin cesar,
para que ofrezca en tu honor un sacrificio sin mancha
desde donde sale el sol hasta el ocaso. […]
Confirma en la fe y en la caridad a tu Iglesia,
peregrina en la tierra: a tu servidor, el Papa…"

Podríamos ayudarnos de la canción del P. Cesáreo Gabarain, "Iglesia Peregrina", para comprender esta realidad y mirar la Iglesia de

hoy día:
> "Todos unidos formando un solo cuerpo,
> un pueblo que en la Pascua nació.
> Miembros de Cristo en sangre redimidos.
> Iglesia peregrina de Dios." […]
> Todos prendidos en una misma suerte,
> ligados a la misma salvación.
> Somos un cuerpo y Cristo la cabeza.
> Iglesia peregrina de Dios."

Por eso, la Iglesia, en donde se encuentre, siempre es una realidad peregrinante, que camina al encuentro en la casa del Padre Dios.

Sería oportuno hacernos una pregunta de rigor en este caso. Contrario a lo que sucede en otros países, en Estados Unidos es frequente encontrar siempre dos banderas en el templo. Algunas veces en el área del presbiterio, otras, las más, en diversos lugares, pero siempre dos banderas: la bandera de los Estados Unidos y la bandera del Vaticano.

Entrar la bandera al recinto del templo empieza durante las guerras del último siglo. Era una manera de conmemorar a los caídos en batallas. Creo que, para equilibrar la presencia de la bandera americana, se introduce la bandera del Vaticano. Téngase en cuenta que la Iglesia no tiene bandera. El Vaticano posee bandera como Estado, pero no como Iglesia. Esa la bandera del Papa como jefe de Estado, pero no como pastor de la Iglesia.

El problema que se presenta es el siguiente: cuando la bandera del país se exhibe con la de otros países, la propia debe tener precedencia y preeminencia sobre los demás países. En los templos católicos, que no debería haber ninguna bandera, las banderas que hay se exhiben incorrectamente porque ambas están a la misma altura.

"Ubi bene, ibi Patria"

"Donde está el bien, está la Patria". Siempre que se trate de traducir hay que elegir el mejor significado posible. Esta es la razón por la que, algunas veces, lo traducido es más corto o más largo que el texto original. Pero como no tratamos de semántica en este caso, podemos decir libremente: "Allí donde te encuentres bien, está tu Patria". Un poco más allá de aquello de "a donde fueres, haz lo que vieres".

Sin ir más lejos, podríamos plantearnos la pregunta inmediatamente: ¿de qué nos sirven los nacionalismos?

No se puede negar que hay mucha gente orgullosa de su lugar de origen. Orgullosa de conocer y saber muy bien cuál es la cruz de su parroquia. Orgullo local. No solamente del país, sino de la región y del propio rincón o pedazo del mundo en donde nació. A fin de cuentas, parece ser cierto aquello de que nunca se ama tanto la Patria como cuando se está en extranjero.

Si algo hace diferente la vida ahora con relación a unos cien años atrás, es la rapidez con que los eventos, sin importar en qué rincón del mundo ocurran, tienen repercusión global. Las noticias viajan ahora tan rápidas como el mismo sol. Y lo que acontece en un lugar recóndito del mundo afecta a toda la humanidad. Pareciera que aquellas palabras de Jesús: "No hay nada oculto que no llegue a conocerse" se realiza en estos tiempos de manera especial.

Aun así, es frecuente encontrarnos con cierta mentalidad aldeana en nuestro medio. No hay necesidad de apuntar el dedo a ninguna parte, porque pensar que el lugar en donde uno vive o de donde uno es, empieza y se acaba el mundo es una realidad frecuente. Tan profundo está grabado esto en nuestras mentes que cuando conocemos a una persona, aunque tenga una historia de cuarenta o cincuenta años, es como si apenas esa persona empezara a existir. Y hay un poco de verdad en eso. En realidad, empieza a existir para nosotros. Pero hay una historia y un pasado que no debemos ignorar.

Debemos ser honestos al respondernos esta pregunta: ¿por qué sigo aquí? Es, en otras palabras, preguntarnos qué quiere Dios de nosotros en la experiencia que nos ha tocado vivir.

La historia del pueblo de Israel que nos narra la Biblia, la podríamos dividir por diversos acontecimientos. Uno de ellos, además de la importancia del éxodo o salida de Egipto, fue el destierro a Babilonia. En muchos textos de la Biblia se puede apreciar la experiencia humana de antes, durante y después del destierro. Jeremías, profeta del destierro, con tan mala suerte que no acompañó al pueblo al destierro porque lo consideraron loco, nos trae una pequeña carta que también aplica a nuestro caso:

> 29 [1]Esta es la carta que el profeta Jeremías escribió desde Jerusalén a los ancianos que no habían muerto, sino que estaban cautivos, a los sacerdotes, profetas y al pueblo en general que Nabucodonosor había desterrado de Jerusalén a Babilonia. [2]La escribió, después de salir de Jerusalén Jeconías, con la reina madre, sus sirvientes, los príncipes de Judá y de Jerusalén, los herreros y los cerrajeros. [3]La llevaron a Elasa, hijo de Safán, y Gamarías, hijo de Elcías, a quienes Sedecías, rey de Judá, había enviado a Babilonia, para que se presentaran al rey Nabucodonosor.
>
> La carta decía así:

[4]Así habla Yahvé, Dios de Israel, a todos los judíos que ha desterrado de Jerusalén a Babilonia:

[5]Edifiquen casas y habítenlas; planten árboles y coman sus frutos; cásense y tengan hijos e hijas. [6]Casen a sus hijos y a sus hijas para que se multipliquen y no disminuyan. [7]Preocúpense por la prosperidad del país donde los he desterrado y rueguen por él a Yahvé; porque la prosperidad de este país será la de ustedes.

Jeremías 29, 1-32 (La Biblia, Latinoamerica)

Dificultades o barreras en la Integración

La actitud más corriente ante lo desconocido es el miedo, que a su vez provoca rechazo y no aceptación. El miedo mutuo hace que las personas se alejen en lugar de encontrarse, se rechacen en vez de aceptarse. No me parecería exagerado llegar a decir incluso que una raza huele a la otra y ante lo desconocido hasta el olor puede ser repugnante. Superar la barrera del miedo es un camino de dos vías para llegar a un punto de encuentro.

La población hispana no es completamente homogénea. No sólo por la presencia de otras nacionalidades sino también por los lugares de procedencia de los mismos mexicanos, que son mayoría entre la minoría.

Otro factor influyente es el tiempo de llegada a los Estados Unidos. Inmigraciones recientes encuentran mayores dificultades hoy día que aquellos que llevan años establecidos. Esta misma realidad hace que mientras algunos han vivido ya el proceso de asimilación apenas otros, la gran mayoría, están empezando el proceso de integración.

Aunque puede parecer una discusión sin sentido, el famoso "melting pot", la idea de ser asimilado en la cultura dominante de los Estados Unidos donde la propia identidad se pierde al ser absorbidos en esa especie de caldo resultante no es precisamente la idea que tiende a ser favorecida por los hispanos. Una integración, a modo de "ensalada", donde cada quien conserva su propia identidad es lo que poco a poco se va imponiendo a modo de resistencia. Lo hispano no debe desaparecer al ser asimilado dentro de la sociedad americana, pero se debe reconocer que en esta sociedad hay valores y patrones culturales que de integrarse en nuestra experiencia de vida serían enriquecedores.

Tristemente nada de esto viene de manera pacífica. Hay conflictos por ambos lados. De nuestra parte, la resistencia a desaparecer, pero de parte de los americanos el hispano sufre discriminación y racismo. Experiencia que en los últimos años viene siendo más evidente.

"Hay de todo, como en botica (farmacia)". Hay mucha gente

solidaria que conoce y comprende las batallas de la comunidad. Y que muestran un apoyo efectivo y real. Al mismo tiempo, ante muchas situaciones que no son necesariamente discriminatorias y racistas de manera radical se puede apreciar el privilegio de la mayoría.

En marzo del 2004, la revista Foreign Policy traía como tema de portada un artículo de Samuel P. Huntington, "José, ¿Can You See?", era el capítulo correspondiente a los hispanos, "The Hispanic Challenge" de su libro "*Who Are We?*", que fue publicado unos meses después. No solamente este autor, sino que son muchos los que ven la presencia hispana como una amenaza a los valores angloprotestantes de la blanca sociedad norteamericana.

De entre las críticas dirigidas contra la comunidad hispana las que se oyen de manera más frecuentes son el alto porcentaje de niños, el interés marcado por el bienestar social de todos antes que el bien o beneficio particular, su falta de capacidad o interés para aprender rápidamente el inglés, su resistencia a la asimilación... Estas y otras razones más hacen ver al hispano como una amenaza ante la supuesta estabilidad de los valores norteamericanos.

La discriminación se ve en todas partes. Incluso en la Iglesia.

Los salarios mejor pagados y las mejores posiciones no son repartidas de acuerdo con las capacidades humanas sino más bien al color de piel.

Podría parecerles una afirmación bastante fuerte indicar que la discriminación se vive incluso en la Iglesia, pero es cierto. Los servicios que prestan los hispanos son de carácter voluntario, dedican muchas horas a las necesidades de la Iglesia y aunque lo que donan en las ofrendas es más bien poco en cantidad lo dan proporcionalmente a su salario, a la vez que se ofrecen como voluntarios a tareas que muchas veces la iglesia tendría que pagar miles de dólares. Un ejemplo local, que he observado desde el año que llegué a los Estados Unidos para trabajar con la comunidad hispana es que los responsables de coro y directores de catequesis en la comunidad católica norteamericana son asalariados. No solamente éstos; cualquiera que realice un servicio dentro de la iglesia está supuesto a recibir su recompensa ya sea como salario o como estipendio. Los hispanos realizan los mismos servicios y lo hacen gratis, muchas veces sin recibir ni siquiera el reconocimiento por su tarea.

Empezamos a encontrar ministros laicos pagados y que trabajan tiempo completo en las parroquias, pero todavía no en un número que podamos decir que esta situación ha quedado superada.

Entonces, ¿cómo se van a integrar dentro de la sociedad norteamericana si las puertas permanecen cerradas? No sólo refiriéndonos a la crisis de la actual ley de migración sino en general a la marginación y exclusión de la participación en la sociedad.

La barrera del idioma es la mayoría de las veces difícil de sortear porque se carece una buena comprensión de la lengua madre. Una deficiente formación en español dificulta el aprendizaje del inglés.

Las expresiones culturales de los hispanos son consideradas escandalosas y folklóricas. Nadie se sorprenda en encontrar una escasa o nula vida nocturna en la mayoría de los pueblos y ciudades norteamericanos.

Las instancias de "privilegio blanco" son abundantes en el trabajo con los hispanos, por lo que a veces, la discriminación es muy sutil y casi imperceptible. Sobre este punto, recomiendo al lector investigar un poco más este tema, al menos leyendo el trabajo de Peggy McIntosh, "*White Privilege: Unpacking the Invisible Knapsack*".

Lo más triste de esta realidad es también son problemas que ocurren y suceden a lo interior de nuestra misma población. Experimentamos la discriminación y racismo entre nosotros mismos. El malinchismo está a flor de piel. Es cierto que hay líderes honestos dentro de la población hispana, pero es frecuente encontrar líderes que se interponen entre los servicios y la comunidad de manera que ellos sólo procuran beneficiar a sus favoritos.

5

LAS ESTADÍSTICAS

Aunque este sea un tema un poco pesado, es, al mismo tiempo, importante. Nos ayuda a comprender el presente y poder programar para el futuro.

En el website de United States Census Bureau aparecen los datos más recientes (al 2019) como proyección del anterior censo del 2010. Y como nos encontramos en un año correspondiente a un nuevo censo de la población sería interesante consultar los datos viejos para verificar lo que se ha avanzado o retrocedido en diez años.

Estos datos se pueden consultar en https://www.census.gov /data/tables/2016/demo/hispanic-origin/2016-cps.html. También puede consultarla en el siguiente código QR:

Como no se trata aquí de un estudio sobre la población, lo que nos interesa es destacar ciertas características demográficas de la comunidad confrontadas con los datos oficiales del censo. Aunque los números son importantes y pueden proyectar una imagen, hay que recordar que no van a expresar al ciento por ciento la realidad de la población hispana, pero ofrecerán una pista de trabajo para cualquier acción pastoral que se quiera emprender.

Las unidades manejadas son en miles. 1,000 = 1.

Tabla 1. Población por Sexo, Edad, Origen Hispano y Raza: 2016

Se calcula la población general de los Estados Unidos en 318,868, de los cuales 56,873 son hispanos. De entre estos, los que son de otra raza, entiéndase, otras minorías presentes en el país son 66,350. Mientras las otras minorías son diferentes, el número de hispanos los convierte en "la mayoría entre las minorías".

En cuanto a la edad, el mayor rango se presenta en una población comprendida entre los 35 y 54 años, observándose que, entre toda la población, el porcentaje de crecimiento es el mayor.

Del total de la población hispana, 28,562 son hombres, 28,311 son mujeres. Entre ellos se repite el mismo dato en relación con la edad.

Tabla 2. Población por Sexo, Edad, y tipo de Origen Hispano: 2016

México: 35,757
Puerto Rico:............. 5,241
Cuba: 2,140
América Central:..... 5,377
Sur América:............ 3,623
Otros:..................... 4,734

Tabla 3. Estado civil de la población de 15 años y más por sexo, origen hispano y raza: 2016

Se puede decir que, en comparación con los otros grupos, la situación familiar dentro de la población hispana no es tan diferente. Realmente no muestra ventajas. Aunque en este caso no entraré en los detalles relacionados con otros grupos, hay que poner atención para ver si no es un mito eso de que la familia es un valor hispano, cuando la realidad nos presenta en igual situación que otros tipos de poblaciones presentes en Estados Unidos. Se puede decir que confrontamos los mismos problemas en torno a la concepción de familia.

La cantidad de "Nunca casados", que es la cifra más alta en la tabla, nos debería llevar a considerar la cantidad de jóvenes con proyectos de familia que se encuentran en la migración.

Para considerar la problemática familiar hay que mirar un poco más lejos que la propia familia. A pesar de que todas las familias, unas más otras menos, todas sufren de cierto grado de disfuncionalidad, pues la familia ideal sólo existe en lo ideal y no en la realidad.

Además de lo que ya hemos comentado anteriormente sobre la familia, dentro del contexto de la migración no son pocos los que han formado familia a ambos lados de la frontera.

Dentro de este contexto cabe destacar que los problemas intrafamiliares y la violencia doméstica sólo es posible si se vive en familia. Paradoja de la realidad sel ser humano que allí en donde debería sentirse sumamente protegido es donde más inseguro está. La mayoría de las veces, los problemas familiares dan lugar para la proliferación de pandillas como triste sucesadaneo.

La cantidad más pequeña corresponde a aquellos que se encuentran solos. Probablemente madres y padres solteros, compartiendo la experiencia de vida con sus criaturas. Es posible que sean los que tienen más dificultades y la vida más difícil pues la mayoría de veces se necesita el salario de dos personas para mantener un pequeño apartamento, pues ni siquiera dos alcanzan para una casa.

Sexo y Estado Civil	Origen Hispano y raza							
	Hispanos		Total		No-Hispanos			
					Población blanca		Otras razas	
	Cantidad	%	Cantidad	%	Cantidad	%	Cantidad	%
Ambos sexos	41,507	100.0	216,397	100.0	164,749	100.0	51,648	100.0
Casados	18,751	45.2	110,136	50.9	89,434	54.3	20,702	40.1
En parejas	17,812	42.9	107,457	49.7	87,880	53.3	19,577	37.9
Solos	938	2.3	2,679	1.2	1,554	0.9	1,125	2.2
Viudos	1,336	3.2	13,567	6.3	10,981	6.7	2,586	5.0
Divorciados	3,200	7.7	22,368	10.3	17,740	10.8	4,628	9.0
Separados	1,545	3.7	3,736	1.7	2,301	1.4	1,434	2.8
Nunca casados	16,676	40.2	66,590	30.8	44,293	26.9	22,297	43.2

Tabla 4. Estado civil de la población de 15 años y más por sexo y tipo de origen hispano: 2016

La situación es común a todos los grupos (ver Tabla 2), pero el porcentaje de divorcios entre los mexicanos es el más bajo y el de la categoría de "Otros" el más alto.

En cuanto a los que viven separados, el menor porcentaje lo tienen los de Sudamérica. Puerto Rico, América Central y Otros, comparten el mismo porcentaje como la cifra más alta.

Tabla 5. Logros educativos de la población de 25 años y más por sexo, origen hispano y raza: 2016

En relación con el porcentaje comparado con los demás grupos, entre los hispanos es mayor el número de los que están o tienen menos de 9° grado y los de los grados 9° a 12° (sin diploma). Hay dos razones escondidas en esta cifra: a) los niños hispanos que están actualmente en el proceso educativo y b) que realmente nuestra población hispana necesita formación.

Otro punto que destacar es que la mujer está en mejor posición que el hombre en cuanto a la formación superior.

Tabla 6. Logros educativos de la población de 25 años y más por sexo y tipo de origen hispano: 2016

Los cubanos tienen el mayor porcentaje de personas preparadas, mientras que los mexicanos tienen el más bajo. Se aprecia la misma diferencia entre los dos grupos sobre la preparación de la mujer superior a la de los hombres.

Tabla 7. Nacimiento y ciudadanía por sexo, origen hispano y raza: 2016

En términos generales, la población hispana presenta un alto porcentaje de nacidos en este país: 64.9 % y 35.1 % de nacidos en el extranjero. De éstos, 12.2 % son ciudadanos naturalizados y 22.9 % no son ciudadanos.

Comparados con las otras razas o minorías, 76.9 % nacidos en este país, 23.1 % de nacidos en el extranjero, 12.7 % de ciudadanos naturalizados y un 10.4 % no son ciudadanos.

Si comparamos la cifra de los hispanos con la presencia en la Iglesia debemos seriamente preguntarnos si estamos respondiendo a las necesidades reales de la población, si valoramos la presencia de los hispanos nacidos en este país y lo que pueden aportar a la Iglesia, si nuestros esfuerzos pastorales van orientados en el camino correcto.

Tabla 8. Nacimiento y ciudadanía por sexo y tipo de origen hispano: 2016

Como Puerto Rico presenta unas características migratorias diferentes con relación a los demás países (ver Tabla 2), no se debería utilizar en esta comparación.

El mayor porcentaje de nacidos en extranjero lo tiene Centro y Sur América. De ciudadanos naturalizados, Cuba y Sur América.

Tabla 9. Año de ingreso de la población nacida en el extranjero por sexo, origen hispano y raza: 2016

Estas cifras pueden darnos una visión de cómo se ha ido incrementando la migración a los Estados Unidos entre la población hispana. De antes del 1970, 807. Entre 1970-1979: 1,591. Entre 1980-1989: 3,247. Entre 1990-1999: 5.336. Entre 2000-2009: 6,429. A partir del 2010 hasta el momento de estas cifras (probablemente 2016, aunque publicadas en el 2018) el número es 2.548. Téngase en cuenta que la década no ha terminado aún para ofrecer una comparación entre las décadas anteriores.

Se puede observar cierto paralelismo en relación con las otras razas.

¿Cómo entender esto si recordamos la "Immigration Reform and Control Act" del 1986, la proposición 187 del 1994 y los cambios en la ley migratoria del "Illegal Immigration Reform and Immigrant Responsibility Act" 1996?

Realmente no deja de ser paradójico que cuando más control se quiere ejercer más contrarios son los efectos obtenidos.

Tabla 10. Año de ingreso de la población nacida en el extranjero por sexo y tipo de origen hispano: 2016

Lo más curioso a destacar es que prácticamente entre todos los grupos (excluyendo Puerto Rico) la década en que más se incremente la inmigración es la década de 2000-2009.

Tabla 11. Hogares por tipo y origen hispano y raza del sostén familiar: 2016

El porcentaje más alto es de los que viven en familia. Sin embargo, el número de familias encabezadas por la mujer es dos veces superior al número de familias encabezadas por el hombre.

Tabla 12. Hogares por tipo de origen hispano del sostén familiar: 2016

México y Centro América tienen los mayores porcentajes de personas que viven en familias biparentales. Puerto Rico tiene el mayor porcentaje de mujeres como cabeza de familia.

Tabla 13. Fuerza laboral y situación laboral de la población civil de 16 años y más por sexo, origen hispano y raza: 2016

Entre los hispanos, empleados en la fuerza laboral civil encontramos el 94 %, con un 6 % de desempleo. En comparación con las otras razas, el porcentaje de empleados es de 92.1 % y de desempleo de 7.9 %.

Tabla 14. Fuerza laboral y situación laboral de la población civil de 16 años y más por sexo y tipo de origen hispano: 2016

En cuanto al trabajo y desempleo, los centroamericanos son los que están en mejor posición.

La situación laboral entre el hombre y la mujer está relativamente igual, sobresaliendo la mujer sudamericana con el mayor porcentaje de empleos.

Tabla 15. Ocupación de la población civil empleada de 16 años y más por sexo, origen hispano y raza: 2016

Se puede decir que los hispanos trabajan en todo. No hay posición o empleo que se les escape. Sin embargo, es de notar que el área en que más alto porcentaje tienen es el área de ocupaciones o trabajos de servicios: 25.9 %. La población blanca lleva la delantera en las ocupaciones gerenciales, profesionales y afines con un 45 % y las otras razas destacan en esa misma área con un 38 %.

En cuanto a los hombres, el mayor porcentaje está en el área de empleos de construcción, extracción y mantenimiento con un 23.3 %, en el área de servicios con un 21.2 % y en el área de empleos en la producción, transporte y movimiento de materiales con un 20.5 %.

La mujer hispana destaca en el área de servicios con un 32.2 %, en ventas y trabajos de oficina con un 29.8 % y en las ocupaciones gerenciales, profesionales y afines con un 26.7 %.

Tabla 16. Ocupación de la población civil empleada de 16 años y más por sexo y tipo de origen hispano: 2016
Cuba tiene el más alto porcentaje de trabajadores en área gerencial, profesionales y afines. Centro América, tiene el más reducido.

Centro América destaca en el área de servicios. En esta misma área está el más alto porcentaje de mexicanos.

Los de Puerto Rico, Sur América y Otros hispanos destacan en el área de ocupaciones gerenciales, profesionales y afines.

Tabla 17. Ingresos de trabajadores de tiempo completo durante todo el año de 15 años o más por sexo, origen hispano y raza: 2015
El mayor porcentaje de hispanos está en el rango de. $25,000 a $34,999 al año. Un 23 %. Con un 20.8 % están los que ganan de $35,000 a $49,999. Los de otras razas están en mejor posición.

El hombre tiene cierta ventaja con relación al salario que recibe. Muchas veces es mejor pagado que la mujer.

Tabla 18. Ingresos de trabajadores de tiempo completo durante todo el año de 15 años o más por sexo y tipo de origen hispano: 2015
Porcentualmente las diferencias son muy mínimas de un grupo a otro, pero cabe destacar que es mayor el porcentaje de sudamericanos, entre ellos, los hombres, que ganan sobre los $100,000 al año.

Tabla 19. Ingreso monetario total de los hogares por tipo, origen hispano y raza del hogar: 2015
El porcentaje promedio de salario por familia va de entre $50,000 a $74,999, un 18.1 %. Ahora, si sumamos los porcentajes de los grupos que ganan de $25,000 a $34,999 y de $35,000 a $49,999, tendremos un porcentaje de 27.8%.

Considere que estos números hablan del ingreso familiar. No necesariamente de los gastos por cabeza de las familias.

Tabla 20. Ingresos monetarios totales de los hogares por tipo y origen hispano Tipo de hogar: 2015
El mejor porcentaje lo tiene el hogar cubano y le siguen los de América Central. Lo mismo puede decirse en cuanto a la posición económica de la estructura familiar.

Tabla 21. Situación de pobreza de la población por sexo, edad, origen hispano y raza: 2015

El mayor rango de pobreza está en la población menor de 18 años. También destaca en pobreza la mujer en comparación con el hombre.

Tabla 22. Situación de pobreza de la población por sexo, edad y tipo de origen hispano: 2015

En cuanto los grupos nacionales, el que experimenta un mayor número de pobreza es el grupo mexicano. Como grupo, los sudamericanos tienen el menor número de pobreza.

Tabla 23. Distribución generacional de la población por sexo, origen hispano y raza: 2016

Los hispanos de primera generación representan el 35.1 %, los de segunda el 31.3 % y los de tercera el 33.6 %. Es conveniente destacar que los de otra raza, tienen una tercera generación superior al 63 %.

Tabla 24. Distribución generacional de la población hispana por sexo y tipo de origen hispano: 2016

La población mexicana está distribuida casi proporcionalmente entre los tres grupos generacionales. Los de Puerto Rico tiene un 92.8 % de población en la tercera generación y muy poco en la primera y segunda. Centro y Sur América tienen muy poco en la tercera generación y un considerable por ciento en la primera generación.

Tabla 25. Origen hispano y distribución racial de la población por sexo y generación: 2016

Con relación a la población en general, los hispanos tienen un 17.8% de personas de primera generación. 46.3% de nacidos en el país con al menos un padre extranjero y un 8% de tercera generación con ambos padres nacidos en el país.

Tabla 26. Tipo de origen hispano Distribución de la población hispana por sexo y generación: 2016

Entre los mexicanos de primera generación, los hombres superan a las mujeres por un 3.5%. La cifra más alta es la de mejicanos nacidos en el país, con un 72% de la población hispa de segunda generación. Los de tercera generación representan un 59.6%. Los números más bajos son los de la población cubana y sudamericana.

Tabla 27. Seguro médico por sexo, edad, origen hispano y raza: 2016

El 83.8% de la población hispana cuenta con seguro médico. La cifra más alta de los que carecen de seguro médico la tienen los que van de 18 a 64 años, con un 22.5% de la población hispana. Los varones están en desventajas con las mujeres en cuanto al seguro médico.

Tabla 28. Seguro médico por sexo, edad y tipo de origen hispano: 2016

En referencia a los seis grupos principales de hispanos (ver tabla 2), se observa la misma deficiencia anterior. Los mexicanos tienen el más alto porcentaje de población sin seguro médico, 17.7%, siendo el grupo mayor los varones, entre los 18 y 64 años de edad.

Condiciones de Vida

No se puede culpar solamente a las distintas crisis financieras como responsable de las difíciles condiciones de vida de los hispanos en los Estados Unidos.

En la comunidad, hablando en términos generales, existe una tendencia muy fuerte a tener planes a corto plazo o simplemente no tener ninguno. Algunas veces se vive improvisando y las cosas van saliendo al paso.

Aquí caben muy bien dos expresiones que con el paso de los años he llegado a convencerme de su veracidad: Ser pobre es caro y como pobres, nos damos lujos que los ricos no se dan.

La precariedad económica es de lo más regular o común. Es una situación que exige mucho sacrificio y esfuerzo, pero generalmente, por la falta de planificación y visión de futuro, muchas veces se cometen errores que se pagan a un alto precio.

Paradójicamente nos encontramos en un momento en que se puede ver una gran oferta de empleos y al mismo tiempo, los salarios ofrecidos no alcanzan para cubrir los gastos de primera necesidad. A pesar del alto índice de desempleo, si una familia quiere vivir con cierta holgura y dignidad, ambos padres tienen que trabajar. Al igual, los hijos jóvenes que han alcanzado la mayoría de edad legal para trabajar frecuentemente abandonan los estudios y trabajan para ayudar a sus padres.

El principal gasto que confronta la familia es el pago de la renta de la casa. Luego, aparte de los insumos, la lista de facturas por pagar a lo largo del mes hace que muchas veces no alcance el dinero para ahorrar. En la mayoría de nuestros hogares hispanos no se tienen los recursos necesarios para poder vivir sin trabajar un par de meses en caso de que alguien en la familia sufra algún accidente.

Los que trabajan en el campo tienen algunas ventajas. No se preocupan por pago de la renta. Esto conlleva como contrapartida un menor salario. El problema viene cuando los despiden y deben salir de los lugares de trabajo no llegan muchas veces a tener la experiencia necesaria para lidiar con su nueva situación de vida. Si son solteros o su familia vive en otro lugar, la situación es aún peor. El hacinamiento y las condiciones insalubres de las habitaciones en que les ponen a vivir son deplorables. Hace unos años en que, muy cerca de un área urbana se encontraron más de treinta inmigrantes hispanos, solteros en su mayoría, viviendo en una sola habitación y sin los servicios sanitarios necesarios.

6

LA ESCUELA CATOLICA

La escuela católica en Estados Unidos está realmente en crisis. Si se buscan estudios sobre la misma se encontrarán diversos resultados, algunos positivos, otros no tanto. La escuela católica fue floreciente hace muchos años, pero hoy día encuentra unos retos que son más bien difíciles.

Si comparamos el tema de las escuelas con lo referente a los seres vivos, aquello de "nacen, crecen, se reproducen y mueren" pueda ser que nos ayude a tener una comprensión del problema.

Las escuelas siempre han nacido por una necesidad. Anteriormente sólo las familias adineradas podían costear la formación académica de los hijos. Esa fue la época de los institutores y las institutrices, eran contratados por sus servicios. Hasta se podría decir que la misma catequesis parroquial y los oratorios dieron lugar a lo que es hoy la escuela católica en muchos lugares.

De ahí podemos llegar a la pregunta: ¿cómo nacen las escuelas católicas en los Estados Unidos? La situación para los migrantes a principios del siglo pasado era con mucho peor que la situación que tenemos actualmente. Algo se ha avanzado, pero algunos elementos opresores de entonces aún se mantienen con vigencia.

Al momento de la fundación de los Estados Unidos, la mayoría, si no la totalidad, de la población era protestante. Téngase en cuenta que este término, protestante, hace referencia a lo católico como oposición. Desde sus inicios, siempre se trató de separar iglesia y estado. La religión se dejaba para el 'altar de la casa'. Ya para los primeros cien años de la fundación habían llegado inmigrantes provenientes de países católicos, como fueron los irlandeses. Los ataques no se hicieron esperar.

En ese entonces, los republicanos representaban los nobles ideales de justicia y libertad, mientras que los demócratas estaban más organizados en los estados esclavistas del sur.

Se va estableciendo la escuela pública poco a poco en diferentes lugares. Y en la política aparece una agrupación llamada Tammany Hall, de carácter demócrata, que brinda apoyo a los inmigrantes a cambio de los votos. Ya para entonces también había problema con la compra de los votos. Los inmigrantes recibían ayuda de los programas sociales de Tammany Hall a cambio de que ellos votaran por sus candidatos.

Ni que decir que la primera reacción provocada por esto fue la esteriotipización de los irlandeses. En las caricaturas de entonces se les dibuja con una cara muy adusta, muy parecida a la del mono.

El ambiente en la Iglesia tampoco era favorable. El Concilio Vaticano I había declarado la infabilidad del Papa e Italia estaba en lucha contra los estados pontificios, territorios que la Iglesia terminó perdiendo.

Aparece aquí, en Estados Unidos, la escuela católica, pero no sin controversia. Era considerada una amenaza a la educación pública y, para colmo, a través de Tammany Hall fue posible obtener alguna subvención de dinero procedente del estado. Ahí entonces la controversia se extiende no solamente por lo que se consideraba "educación sectaria" sino también porque esta era subvencionada con dinero de los contribuyentes. El tema entro en debate. Las caricaturas de la época lo presentan bien claro. Aunque no se limitan al tema de la escuela, el buen observador puede encontrar pistas hacia otros problemas indicados en esas caricaturas que van desde el 1870 al 1875. No son las únicas que muestran el rechazo hacia lo católico. Las presentes aquí están escogidas en atención a la relación directa con las escuelas católicas y la problemática que representaba para entonces.

Todas las caricaturas son de Thomas Nast (27 de septiembre 1840-7 de diciembre 1902). Su trabajo como caricaturista fue excelente, algunos lo consideran el padre de la caricatura americana. Su pluma, con la que dibuja, es como la punta del aguijón de la avispa.

Ante una escuela que se presenta gratis para todos, la subvención de la escuela católica trajo consigo problemas muy amargos. Era un punto más para la separación de la Iglesia y el Estado, máxime cuando tales fondos solo incrementan la amargura de la educación sectaria. Así lo representa Nast en su caricatura del 26 de febrero del 1870. La controversia segió por varios años. Al año siguiente, el 23 de diciembre del 1881 Nast publica una caricatura contra los católicos, que para entonces no eran tan amantes de la Biblia como los protestantes.

"DON'T BELIEVE IN THAT."
WHAT THE IRISH ROMAN CATHOLIC CHILDREN WILL BE TOLD TO DO NEXT.
"Kick it out *Peaceably!*"

Todas estas caricaturas fueron publicadas en el semanario "Harper's Weekly, A Journal of Civilization", una publicación con base en New York, que apareció en el 1856 y dejó de publicarse para el 1916.

Para entonces, por las debidas razones históricas, el grupo mayoritario de inmigrantes estaba formado por irlandeses, casi todos ellos de tradición católica. Con el paso de los años, la xenofobia va a ir cambiando su objeto. Les llegará su turno a los italianos, a los japoneses, etc. Es como si cada momento histórico estuviera marcado por los mismos problemas, solo que con ciertas particularidades por el momento en que se vive.

Observe bien, en la siguiente ilustración, los cocodrilos. Van saliendo de lo que Nast llama "The American River Ganges". La caricatura apareció por primera vez para el 8 de septiembre del 1871. El 8 de mayo del 1875 fue publicada otra vez con pequeñas modificaciones. El río Ganges está en la India y la separa de Nepal y Bangladés. Es un río fronterizo como otros tantos, especialmente como el río Grande por lo que a tantos se les llama "mojados".

THE AMERICAN RIVER GANGES.

Los cocodrilos, los obispos, van saliendo del río como si vinieran de otros países (Estados Unidos es una nación protestante). Y el caballero galán defiende a algunos niños, mientras otros están desprotegidos. La escuela pública está en ruinas. Y la mujer parece ser conducida al patíbulo.

El dibujo del edificio que aparece al fondo a la izquierda, con la bandera del Vaticano y la de Irlanda es de la basílica de San Pedro en el Vaticano. En la versión del 1871 se leía que era el Tammany Hall. En esta versión del 1875 aparece con la leyenda "Iglesia Política Católica Romana" con otra leyenda a continuación que se extiende hacia el centro: "La escuela política católica romana".

Desprotegidos quedan otros niños representados en la caricatura de Nast: el nativo americano, el japonés y el afroamericano. Desde la parte superior aparecen unos irlandeses entregando a la masacre dos niños, uno parece ser judío y el otro protestante.

El dogma de la infabilidad papal que había sido promulgado para el 18 de julio del 1870 fue otro motivo para atacar más a los católicos, quienes parecían deber más obediencia al Papa que a las autoridades civiles de la nación. Los católicos eran considerados como enemigos infiltrados en la administración de las causas públicas.

MAY 8, 1875.] HARPER'S WEEKLY. 385

NO CHURCH NEED APPLY.

Nast dedicó muchas caricaturas contra los católicos por el dogma de la infabilidad papal. En este caso sólo me interesa destacar esta por la referencia concreta a la escuela pública y católica.

Mientras tanto el mundo se aproxima a la primera guerra mundial, luego el triunfo de la revolución bolchevique en Rusia, la guerra civil española, la segunda guerra mundial... El mundo se conmocionaba por todas partes. Los inmigrantes seguían llegando por grupos a los Estados Unidos.

Tras la oleada de inmigrantes de origen italiano, los problemas para entonces eran tan intensos, que fue necesario que el Papa Pío XII escribiera una constitución apostólica que amparara, especialmente a estos migrantes que por efecto de las guerras habían abandonado su país en buscas de otras tierras.

La «*Exsul familia nazarethana*» del 1 de agosto del 1952, con carácter de Constitución Apostólica, comprende una parte dogmática (la razón fundamental o reflexión en torno a la migración) y una segunda parte de disposiciones prácticas que, entre ellas, llegaron a establecer en territorio estadounidense lo que se conoció como las parroquias nacionales: Así llegó a existir una parroquia para polacos al lado de una parroquia para italianos con una parroquia para americanos regularmente cerca. Cada grupo nacional tenía para entonces su propia parroquia, que funcionaba en su propio idioma. Adjunto a estas parroquias nacionales, surgieron muchas escuelas católicas.

Hoy día puede ser que algunas escuelas funcionen de otra manera, pero la gran mayoría son escuelas que tienen que ser subvencionadas por las parroquias, convirtiéndose en una opción de educación privada para una élite a costa del bolsillo de los feligreses.

La Parroquia no puede competir en la función subsidiaria de la educación con los salarios que ofrece la escuela pública a los maestros y profesores. Lo que hizo que la escuela católica fuera un éxito en el pasado ya no sucede en nuestros días. La gran cantidad de hermanas religiosas que trabajaron de gratis en esas escuelas hoy han desaparecido.

Parece ser que la razón histórica por las que florecieron las escuelas parroquiales en Estados Unidos hace muchos años se terminó y las escuelas han quedado como una rémora del pasado.

7

¡NO ESTAMOS SOLOS!

Aunque esta expresión (*¡No estamos solos!*) puede parecer el título de una película de ciencia ficción, no se refiere para nada a los extraterrestres. En las desventuras que coyunturalmente enfrentamos, no estamos solos.

El racismo es una deficiencia que viene en todos los colores. Existe de todos tipos y de todas las clases. Amarillo, marrón, verde, azul... También se da de los dos lados del puente, unas veces como víctimas, otras como victimarios. De cualquier manera, siempre es conveniente ir más allá de nuestras propias experiencias, saber ponernos en el lugar del otro.

Tanto irlandeses como italianos han sido víctimas de discriminaciones raciales. En muchas caricaturas de siglos pasados, los irlandeses eran representados con cara de monos, y fueron insultados con la papa.

¿No habrá, detrás del cariñoso "güero" una referencia implícita a lo dañado o podrido del huevo huero? Lo cierto es que los propios olores nunca se sienten, pero una raza huele a la otra, al no estar acostumbrada las narices a los diferentes olores de los otros grupos. Aunque la mayoría de las veces esta diferencia de olores está fundamentada en la dieta y no precisamente en cambios hormonales.

Aunque parece que podemos constatar que estamos viviendo momentos o tiempos bastantes turbios y ha sido mucho lo que se ha avanzado en cuestión de derechos cívicos y ciudadanos, todavía quedan restos de discriminación y desigualdades sociales. Es cierto que la experiencia de dónde venimos ha mejorado considerablemente en relación con los estragos del pasado, pero aún quedan algunos. Veamos estos ejemplos:

Los Afroamericanos.

Llegaron del África en donde eran cazados como animales. Transportados en barcos esclavistas en condiciones infrahumanas. Sólo sobrevivían la travesía los que eran fuertes. Los débiles, afectados por el escorbuto y las condiciones del viaje sucumbían ante las dificultades del viaje.

A los años de esclavitud que vivieron, se sumaron luego los años de segregación. "Separados pero iguales" era el eufemismo de moda. A la discriminación de siglos, la segregación se extendió prácticamente hasta nuestros días. Los afroamericanos debían sentarse en la parte trasera de los diferentes transportes públicos. Los baños estaban separados, restaurantes que servían por el color de la piel, fuentes de agua y lugares públicos estaban unos destinados para los caucásicos o blancos y otros para los negros.

La situación laboral de los mismos tampoco era muy ventajosa. En los sindicatos, por años tenían prohibido aceptar personas de color por sus propios estatutos o simplemente por común acuerdo. Cuando tenían algunas personas negras entre sus filas, los trataban como si fueran de segunda categoría.

Los prejuicios y estereotipos eran comunes para entonces. De manera que ni siquiera nosotros nos podemos escapar ni mirar tan inocentemente la canción de Cri-Cri, "Negrito Sandía". La sandía llego convertirse en un estereotipo racial despectivo contra los afroamericanos. Lo mismo puede decirse de "Negrito Bailarín" que sería la personificación de Jim Crow, ese personaje ficticio que vino a simbolizar las leyes segregacionistas. No toca juzgar a Gabilondo Soler, pero hay que reconocer que era hijo de su tiempo.

La burla a la comunidad afroamericana no se limitaba a estas expresiones. Aún en nuestros días se nota la crueldad cuando se descubre en el pasado de algunos políticos que llegaron a pintarse la cara de negro por escarnio.

Si como jornaleros la tuvieron difícil, fue aun más cruel la experiencia de aparceros.

La aparcería (a-partes…) es un régimen de trabajo de la tierra donde el dueño cede el uso de la tierra a cambio de una parte de la cosecha. Algo así como lo que dice la letra de la canción de Miguel Muñiz, "El

Barzón".

Si el afroamericano, además era aparcero, la cosa estaba aún más difícil para él.

Este régimen de tenencia y uso de la tierra fue muy común en el pasado. Las condiciones eran muy variadas. Desde simplemente proveer la tierra o implementos de trabajo hasta garantizar todo lo necesario. Algunas veces el dueño ponía todo lo necesario y al aparcero solamente correspondía poner el trabajo. El problema venía al momento del reparto de la cosecha. Y si la cosecha no había sido buena por falta de insumos o plagas, la soga siempre rompía por la parte más delgada. Salía perdiendo el aparcero.

Los Japoneses Americanos

Como los grupos fáciles de identificar muchas veces se convierten en víctimas. Con los japoneses americanos sucedió que, tras el ataque a Pearl Harbor, en el 1941, y los Estados Unidos entrando en guerra contra Alemania y Japón, se vieron afectados y fueron enviados a campos de concentración en distintos lugares del país.

Se les consideraba como enemigos invasores y para protegerse de ellos fueron reducidos por orden del gobierno, a los campos de concentración de la costa oeste.

Perdieron sus propiedades y se dudaba de su lealtad a los Estados Unidos. Esta discriminación tenía mucho que ver con la segunda guerra mundial.

Los Judíos

De cuando en cuando aparecen brotes racistas contra los judíos. Muchos de ellos motivados por el documento apócrifo "Los Protocolos de los Sabios de Sion", donde se establece un supuesto plan judío para controlar el mundo. Es así que cuando aparece una crisis económica, sea cual sea la razón que la motive, creen que los judíos están detrás de la conspiración y por lo tanto se puede discriminar contra ellos.

Esta misma situación favoreció el aniquilamiento de millones de judíos en la Alemania Nazi y los distintos países que fueron conquistando.

Los Aborígenes Americanos o Indios

Llamados también "pieles roja", por el color de su raza. Aunque

45

fueron los primeros habitantes del continente americano también han sufrido discriminación por siglos. No fue sino hasta el 1924 que vinieron a ser considerados ciudadanos americanos, a pesar de haber nacido en su propia tierra.

Los Hispanohablantes

Según el área geográfica en donde se vivan, están encerrados en un mismo paquete. En Miami todos son cubanos, en la costa oeste, mexicanos. Si en el Brooklyn, dominicanos. No importa su procedencia. Todos son están en el mismo paquete.

En los años anteriores a la segunda guerra mundial y posteriores, el programa bracero surtió de mano de obra barata para la explotación agrícola de diversos lugares en los Estados Unidos. Lo que ahora conocemos como inmigración ilegal se produjo tras la cancelación del programa bracero sin ofrecer alternativas.

El programa Bracero empezó en el 1942. Aunque hace años que terminó, se pueden decir más de cincuenta (50), da la impresión de que cierta mentalidad de esa época aún sobrevive dentro de la población mexicana.

Si en la actualidad ocurren asaltos por hablar en español en ciertos lugares, en los años de la guerra mundial y la post guerra la situación era aún peor. A los trabajadores agrícolas no se les ofrecía muchas veces ni siquiera los medios necesarios para sobrevivir. Pero no fueron los únicos. Hasta los que sirvieron en la guerra y pelearon codo a codo con los americanos, estaban privados de participar en los lugares de diversión y eran excluidos de los restaurantes y tiendas por letreros que decían "NO pueden entrar mexicanos y perros".

El 21 de marzo de 1945 ocurrió un incidente que es notable para lo que nos interesa en este caso. A tres nacionales mexicanos que se encontraban de visita oficial en el estado de Texas se les negó servicio en el "Lone Star Café" de Pecos, Texas. Ellos fueron Eugenio Prado, presidente del congreso federal mexicano; Teófilo R. Borunda, diputado ese mismo congreso; y Arturo Flores, alcalde de Ciudad Juárez. Se les pidió que se retiraran y se dirigieran a al restaurante "de color" al otro lado de la calle.

Los otros, menos vistos o más invisibles.

En este punto, la discriminación es grande. Es ser discriminado dentro de los discriminados. Y aunque pueden ser muchos grupos, variados y diversos, quiero hacer mención de manera especial de nuestros hermanos indígenas de la Amércia Latina.

Recuerdo un pequeño niño al que le dirigí unas palabras, pero sus padres me dijeron que no me iba a entender porque en la casa primero le estaban enseñando su lengua madre. Luego este niño tendría que aprender español e inglés para integrarse en ambas comunidades.

Por la estructura del pensamiento y las dificultades del lenguaje son los indígenas que conservan su lengua madre los que encuentran mayores obstáculos no solamente ante la mayoría de la población, sino que también entre los que hablamos español.

8

LO ETICO DE LA SITUACIÓN

La persistente afluencia de inmigrantes hispanos amenaza con dividir los Estados Unidos en dos pueblos, dos culturas, y dos idiomas. De manera distinta a anteriores grupos de inmigrantes, el mexicano y otros Latinos no han asimilado la cultura de los E.E.U.U., formando en su lugar sus propios enclaves políticos y lingüísticos -desde Los Ángeles a Miami- y rechazando los valores Anglo-Protestantes que construyeron el sueño americano. Los Estados Unidos ignoran el desafío de este peligro.

Samuel P. Huntington

No se trata de presentar una reflexión moral de la situación hispana ni tampoco de entrar en detalles de cada uno de ellos. Simplemente, considero que es necesario dedicar unas palabras sobre la ética de esta situación hispana.

Se hace una valoración moral cuando se trata de lo bueno o lo malo de una realidad. Siempre se tiene un punto de referencia para tal consideración. De hecho, esto da lugar a que podamos hablar de una moral cristiana.

Cuando se trata de lo más elemental, lo que está a la base de una buena convivencia humana, indistintamente del credo que se comparta, aquello pertenece al ámbito de la ética.

Para poner un ejemplo, podemos usar esa estrofa de una canción de Los Rehenes, "Cosas buenas que perecen malas".

> «Cosas buenas que perecen malas
> Me dicen que no las haga
> Y las cosas malas que parecen buenas
> De esas no hay quien diga nada
> Cosas buenas que parecen malas
> Me dicen hay que guardarlas
> Y las cosas malas que parecen buenas
> Empiezan cada mañana»

49

Decidir lo que es bueno o malo, como si la realidad fuera de una vez por todas blanca o negra (a propósito, ¿no habrá un poco de racismo en eso de que lo blanco sea lo bueno y lo negro sea lo malo? algo así como lo diestro y lo siniestro…) ha sido una pretensión del ser humano desde los tiempos más remotos, al punto que en el mismo relato del pecado original, que muchos, ignorando el mismo relato, lo clasifican de contenido sexual, cuando en el libro de Génesis, capítulo 3, versículo 22 la cuestión queda bien clara: "Ahora el hombre es ya como uno de nosotros en el conocimiento del bien y del mal, que no vaya también a echar mano al Árbol de la Vida, pues al comer de él viviría para siempre."

Ahí está el problema de la necesidad de discernimiento, al que tanto nos llama el Papa Francisco. ¿Cómo es posible que el veneno te cure en vez de matarte? Ese es el uso que hacemos de las medicinas. De manera que, si abusamos, entonces nos mata.

Si vamos entrando en materia, ante lo hispano, no se trata solamente del contenido de las palabras o la semántica. Hay toda una realidad detrás del mismo uso de las palabras escogidas para reflejar una situación.

Ilegales, indocumentados o simplemente no autorizados o permitidos. En la temática sobre el cruce de la frontera, la posición del que emplee uno que otro término varía en relación con lo que describe.

¿De verdad que cumplimos con todas las leyes? ¿Por qué llamar ilegales a los que solamente han cruzado la frontera sin permiso? ¿Estamos seguros de que siempre cumplimos con las leyes? ¿Acaso no le ha pasado alguna vez saltarse un semáforo en rojo, incluso contra su propia voluntad? Si respondió que sí, aunque nunca fue su intención, eso no quita que haya violado la ley. Como la ignorancia no disculpa el cumplimiento de la ley, todos somos ilegales.

¿Indocumentados? Algunos documentos tendrán. Tal vez no sean los que queremos, pero tienen.

Probablemente el mejor calificativo para aquellos que lograron sobrevivir al desierto tras cruzar la frontera, sea eso mismo, sobrevivientes. Primero de las duras condiciones de vida en sus lugares de orígenes, de las grandes dificultades de la vida en donde han llegado.

Sea como se les llame, no se puede negar la experiencia de éxodo constante. En salida. Es posible que no nos quede otra opción aquella oración judía recogida en el libro del Deuteronomio, capítulo 26, versículo 6: «Mi padre era un arameo errante, que bajó a Egipto y fue a refugiarse allí, siendo pocos aún; pero en ese país se hizo una nación grande y poderosa. Los egipcios nos maltrataron, nos oprimieron y nos impusieron dura servidumbre».

No se puede negar que esta condición, además de exigente, resulta ser muy cara. La condición de muchos, al no tener los debidos permisos, hace que su vida sea más difícil de lo que las tienen aquellos que han conseguido establecer su residencia de acuerdo con las leyes de Norteamérica. Aún hay mucho camino por andar pues estas leyes están marcadas por discriminación hacia los más débiles.

Tampoco el hispano puede permanecer al margen de la doble moral de la sociedad norteamericana. A pesar de todos los adelantos técnicos que hay disponibles al uso de los agentes del orden público y la ley, aun no se ha podido eliminar el cultivo de la marihuana y la producción de drogas estupefacientes en muchos de los condados en que vivimos. Aunque una parte de la producción de marihuana tenga cierta legalidad por el uso médico e incluso recreativo que han permitido algunas leyes en diferentes estados, la gran mayoría de los cultivos siguen como criterio el flagelo del narcotráfico.

Y no es un secreto. Es una pena que muchos hispanos estén envueltos en este asunto y tengan que sufrir consecuencias penosas, a veces desastrosas, para sus familias.

También la delincuencia organizada de las pandillas afecta la buena fama de la población hispana.

Pero no todo es negativo.

El hispano es solidario con el recién llegado. Se le recibe y apoya, aunque a veces sea por corto tiempo. En su solidaridad está dispuesto a tender una mano a cualquiera que lo necesite. No solo para las fiestas sino también en los momentos difíciles de la vida. La discriminación y el racismo sufrido pasan a un segundo plano cuando se trata de ofrecer una ayuda incluso a cualquier norteamericano.

No deja de ser sorprendente la experiencia de tantos José dentro de la comunidad hispana. No me refiero al hecho de que el nombre abunde. Más bien traigo a la memoria aquella experiencia de José que se narra en el libro del Génesis (a partir del capítulo 37).

La comparación no puede ser exacta pues hay muchas distancias entre el acontecimiento y el proceso. José, que para no ser asesinado por la envidia de sus hermanos fue vendido como esclavo y finalmente en Egipto llegó a estar a cargo de la no sólo de la administración de la casa del faraón sino de todo el país. La experiencia de José provocó la abundancia de Egipto, a donde llegaron finalmente sus hermanos en busca de alimentos. José los recibió a todos, se quedó con Simeón (hijo de Lía) y pidió que trajeran a Benjamín (hijo de su madre, Raquel). Finalmente se dio a conocer a sus hermanos y los recibió en Egipto. El salmo 105 (104), 16-23 resume la historia:

«Dejó caer la hambruna en el país, les cortó el alimento; pero delante de ellos envió a un hombre, a José, vendido como esclavo.

Fue humillado con grillos en sus pies, y su cuello pusieron entre fierros; hasta el día en que se cumplió su predicción: la palabra del Señor le dio la razón.

El rey ordenó que lo soltaran, el amo de los pueblos lo dejó libre; lo estableció como señor de su casa, gobernador de todos sus dominios, para instruir a los príncipes en su nombre y enseñar sabiduría a sus ancianos.

Entonces Israel entró en Egipto, Jacob se instaló en tierra de Cam».

Se puede observar frecuentemente que la migración se hace directamente entre dos puntos. Como si fuera de un rancho a otro. En una determinada ciudad americana se encuentran muchos del mismo lugar. Es que alguien los recibe. Tienen a un José que ha venido por delante de ellos a preparar el camino.

Aunque se puede considerar cierta ambivalencia entre ese recibimiento y lo que acontece después, no se puede negar que tiene su valor. Lo mismo que cuando se le pide al que ha llegado que busque establecerse por su cuenta. Pudiera dar la impresión de que se le retira el apoyo que se le ofreció, primeramente, pero las consecuencias suelen ser siempre positivas. La persona acepta el reto y es el inicio del éxito de la experiencia migratoria.

Nótese que en las calles son muy raros los hispanos que se ven pidiendo dinero o en condiciones de marginación total. Son muy pocos hispanos los que llevan una vida de abandono. En mi experiencia personal, los hispanos que he encontrado solicitando dinero lo hacen porque ya tienen experiencia con el sistema.

9

DE LO PASTORAL

En los últimos años, la Iglesia Católica en los Estados Unidos ha pasado de ser una iglesia de avanzada a estar en la retaguardia. Este desplace empezó a partir del 2010, con la implementación de la tercera edición del Misal Romano. A los técnicos remito para la discusión. Por mi parte, nunca he visto tanta verdad como en la expresión: "Lex orandi, lex credendi". Así como rezas, crees. Esta ha sido la traducción de los adjetivos, superlativos muchos de ellos, en detrimento de los substantivos.

Por allá, a mediados de los años 90, existía un leccionario para las celebraciones de la Eucaristía dominical en la comunidad hispana. El texto en sí era una tristeza. Daba la impresión de que habían agarrado una biblia de las que llevan en el nombre "Latinoamérica" y habían hecho un corta y pega de muy padre y señor mío. A decir verdad, el texto no hacía sentido y tenía escaso valor litúrgico. Y en cuanto a la calidad del idioma español, no era pobre, era miserable.

Finalmente, los obispos se pusieron de acuerdo en suspenderlo y decidieron que en lo que se conseguía uno mejor se usara el leccionario de México, con la promesa de que dentro de unos pocos años (probablemente para el 2000) se tendría un leccionario nuevo.

Ya no recuerdo cuándo, pero tuve la ocasión de ver un anuncio en una revista, creo que en OCP, que anunciaba el nuevo Leccionario para abril de 2013. Lo único que dudo es el año en que se suponía que iba a salir el nuevo leccionario. Van a ser 20 años y los obispos americanos no se han puesto de acuerdo en este "insignificante" tema. ¿Será que así valoran la importancia de la comunidad hispana?

No se puede negar que algo han hecho al respecto sobre unos cuantos libros litúrgicos. Fue publicado un Ritual del Bautismo de niños y más tarde un Ritual del Matrimonio en edición bilingüe. Lo mismo que el Ritual de Exequias. También se publicó el Misal Romano en español. Una traducción del mismo estilo a la del Misal en inglés. Verdaderamente empobrecedora.

Y el Leccionario, ¿pa' cuando?

El problema que presentan estos libros es que están hechos como los exámenes en español del Departamento de Vehículos y Motores (DMV). ¿Serán traducidos por personas que hablan espanglish (o ingleñol) o traducidos por Google? Personalmente, prefiero la versión mexicana de todos esos libros porque son de superior calidad en comparación con los que nos han hecho aquí.

Existen unas cuantas aberraciones en lo referente a la pastoral hispana. Una de ella, bien grave, es el asistencialismo. Otra, es cuando la mayoría de las veces se mira a la comunidad hispana desde una postura paternalista condescendiente. Ambas posturas afectan al ministerio hispano y contribuyen a perpetrar y continuar en el tiempo y el espacio los males que nos aquejan.

El asistencialismo es lo que vulgarmente conocemos como "Pan para hoy y hambre para mañana". Es cierto que existen muchas necesidades entre nuestra gente, pero esta solución sólo sirve para crear dependencia y no ayuda a la autorealización de nadie. ¿No sería más conveniente que los esfuerzos se dirigeran a crear mejores condiciones de vida?

Cuando hace cuatro años se anunció que el salario mínimo se iba a incrementar un dólar. Para cuando ese dólar llegó al bolsillo de la comunidad ya el coste de la vida se había incrementado por arriba del supuesto beneficio que se iba a recibir. ¿De qué sirve recibir una bolsa de pan si no se recibe un salario justo?

El Siervo de Dios Dom Hélder Câmara lo expresó claramente: «Cuando doy comida a los pobres, me llaman santo. Cuando pregunto por qué son pobres, me llaman comunista».

Si el asistencialismo no es pecado, entonces por qué el compendio de la doctrina social de la Iglesia lo considera como algo negativo:

«Con el principio de subsidiaridad contrastan las formas de centralización, de burocratización, de asistencialismo, de presencia injustificada y excesiva del Estado y del aparato público: "Al intervenir directamente y quitar responsabilidad a la sociedad, el Estado asistencial provoca la pérdida de energías humanas y el aumento exagerado de los aparatos públicos, dominados por las lógicas burocráticas más que por la preocupación de servir a los usuarios, con enorme crecimiento de los gastos" (*Centesimus annus*, 48). La ausencia o el inadecuado reconocimiento de la iniciativa privada, incluso económica, y de su función pública, así como también los monopolios, contribuyen a dañar gravemente el principio de subsidiaridad».

El paternalismo condescendiente es como dar atole con el dedo. Por medio de esta actitud muchas veces se cometen grandes errores pastorales creyendo que así se atrae la gente. Tal vez se atraiga, pero no se evangeliza.

Tristemente muchos párrocos quedan más preocupados por lo que hay en la canasta de las limosnas que en el bolsillo de la gente.

Hace unos años recuerdo a un párroco quejarse que el billete de a uno abundaba en las colectas hispanas. ¿Acaso no ha observado que cada niño de la familia debe echar algo a la canasta? Estoy convencido de que si tuvieran salarios dignos la cantidad y calidad de la ofrenda subiría considerablemente.

Y ahora, el sinsentido mayor es la proliferación del latín. Que no deja se der gracioso la pronunciación anglosajona de una lengua románica. Y con el latín han salido a relucir un montón de trapos sucios que creíamos ya olvidados. Es la ridiculez clerical.

Paradójicamente, la novedad de lo antiguo atrae. Pero la fuerza de esa atracción es más bien débil. Supongamos que proliferan las misas en latín, ¿acaso no van a volver las mismas razones por las que el latín se abandonó en primer lugar? Ya llegará el momento en que los que asisten a la misa en latín, como no comprenden lo que allí sucede, utilicen el tiempo muerto a consultar el Facebook o enviar mensajes de textos, mientras los hombres salen a conversar en el atrio del templo.

¿Para qué sirve el latín en la liturgia? Creo que, simplemente, para arropar la ignorancia con un aurea de misterio.

Y mientras tanto, se margina el Evangelio.

10

LAS PRESENTACIONES DE NIÑOS Y NIÑAS

Mi primera experiencia con la Presentación de niños no fue muy favorable. Estaba en una parroquia en el sur de California y después de misa unos padres de familia me hablaron de presentar a su hija. La verdad que no entendía de qué iba la cosa. ¿Me la presentaban a mí o a quién? Si a los papás, ¿Cómo van a tener una criatura y no conocerla? Le comenté al párroco y él me explicó de qué se trataba.

En los años de experiencia en el ministerio, sólo entre las personas de origen mexicano me he encontrado con semejante práctica. Mi curiosidad fue creciendo con los años. Hará cerca de diez años leí en la revista "*Actualidad Litúrgica*", de México, que los obispos mexicanos iban a publicar algún documento al respecto. Aún sigo esperando. Tal vez ha sido publicado, pero no me he enterado.

Indagando sobre este asunto me he encontrado con prácticas muy dispares. Desde la simple presentación hecha por los mismos padres de la creatura ante el Sagrario o una imagen de María, hasta la versión "en chiquito" de la misa de quinceañera, con limosina, chambelanes y toda la parafernalia posible. Lo más curioso es que los chambelanes, de la misma edad de la "presentada", estaban conscientes de su rol y se comportaban de acuerdo con la circunstancia, aunque no por mucho tiempo.

No estamos ante una práctica que sea universalmente aceptada en México. Hay mucha disparidad al respecto. Desde encontrar lugares donde no se conoce, a lugares donde la actividad está censurada por el clero y quedan solamente disponibles las religiosas para tener la presentación en sus conventos. En esta temática, como en otros asuntos también, cabe la pregunta si el interés por el mejor bienestar del niño o ahijado o es simplemente para que abunden los compadres.

Durante algunas visitas a México, he ido preguntando en diversos lugares sobre la práctica de esta costumbre y una vez me llevé la sorpresa de encontrarme con alguien que consideraba que la práctica de presentar los niños no es mexicana, sino que viene de Estados Unidos. ¿Cómo así? Era la primera vez que escuchaba esa teoría y la verdad que me hacía mucho sentido. Este amigo me aclaró que era una práctica promovida por los "curas ruleteros". ¿Ruleteros? Esa fue mi pregunta. Sí, ¿qué hace la ruleta? Dar vueltas. Pues así se la pasan algunos curas, dando vueltas por Estados Unidos y ellos fueron los que se "inventaron" eso de las presentaciones para sacarle dinero a la gente. La verdad que el asunto, aunque un poco descabellado, parece tener sentido.

La temática ancla con la práctica consumista de la población, el afán de querer demostrar que la experiencia en los Estados Unidos ha salido bien, la competencia con los demás y buscar la más mínima excusa para organizar una fiesta. Si dentro de estas abonadas condiciones aparece un cura que se ofrece, sin ninguna preparación de parte de los padres de familia, a bautizarles los hijos y encontrándoles bautizados se "inventan" que deben ser presentados… No importa el orden, el asunto es que se haga. Y muchas veces se le da importancia a lo que no la tiene llegándose a subordinar el bautizo a la presentación.

Es de lo más frecuente encontrarse con padres de familia que quieren bautizar y presentar al mismo tiempo. Al fin y al cabo, como la gasolina está cara, hay que aprovechar el único viaje que hacen al templo (modo irónico encendido). Y cuantas veces, por ahorrarnos saliva, los pastores son condescendientes con lo que les pide la gente. Otras veces son ellos mismos quienes lo promueven.

Tenemos que preguntarnos qué es la presentación. Sería una pequeña ceremonia de bendición de la creatura, que debería suceder a la primera vez que, con sus padres, visita el templo. Pero no sucede así. Lo único común es que en la oración de bendición de la creatura se mencione la palabra "presentar" o sus derivados.

¿Es esta la práctica católica? A lo que deberíamos mirar y que ha sido la práctica secular de la Iglesia es a la bendición de la mujer antes y después del parto. La creatura tendrá su propio momento en la celebración de su bautizo. Pero esta práctica se ignora. Son muy pocos los que piden semejante bendición. Y, sin embargo, consideran la presentación como algo verdaderamente importante. Sin embargo, las iglesias protestantes que abandonaron la práctica del bautismo de niños, para substituirlo han optado por tener una pequeña celebración con los infantes, a la que dan el nombre de "presentación".

La Presentación apenas llegaría a alcanzar la clasificación de ser un sacramental más. No es un mandamiento ni tampoco es un sacramento. En este revoltijo, tendríamos que distinguir algunos aspectos importantes: la costumbre de presentar a los niños y niñas a los 40 días y 3 años. Veremos la práctica actual y sus raíces bíblicas.

Como otras tantas cosas, en la Biblia no se puede encontrar la práctica de la presentación de los infantes del modo como se viene realizando actualmente. Sin embargo, esta costumbre hunde sus raíces en la experiencia del hombre de la Biblia.

Dios se relaciona con el hombre y el hombre con Dios por medio de alianzas. Estos pactos entre Dios y los hombres han tenido variaciones a lo largo de la historia bíblica. Entre Dios y los hombres se llega a un acuerdo y siempre existe una señal que indica el acuerdo realizado.

La más significativa de todas las Alianzas es el pacto con Abraham: (Génesis 17, 9-14)

> [9]Dijo Dios a Abraham: "Guarda mi alianza, tú y tus descendientes después de ti, de generación en generación. [10]Esta es mi alianza contigo y con tu raza después de ti, que ustedes deberán guardar: todo varón entre ustedes será circuncidado. [11]Ustedes cortarán el prepucio y ésta será la señal de la alianza entre yo y ustedes. [12]En adelante y para siempre, todo varón entre ustedes deberá ser circuncidado a los ocho días después de su nacimiento, tanto el nacido en tu casa, como el extranjero que haya sido comprado como esclavo. [13]Sea que hayan nacido en tu casa, o hayan sido comprados como esclavos, deberán ser circuncidados.
>
> Esta alianza mía grabada en la carne de ustedes es una alianza perpetua. [14]Todo varón no circuncidado, al que no se le haya cortado el prepucio, será eliminado de su pueblo, por haber roto mi Alianza."

Juan Bautista fue circuncidado (Lucas 1,59). Jesús también (Lucas 2, 21). La circuncisión era también el momento relacionado con la puesta del nombre a la criatura. Sobra decir que esta práctica está limitada exclusivamente a los varones. Esta costumbre es mantenida por el pueblo judío hasta el día de hoy.

En cuanto al tema de la presentación del Señor, Lucas 2, 22-24, ocurren simultáneamente dos cosas: La purificación de la madre y la presentación del niño.

> [22]Asimismo, cuando llegó el día en que, de acuerdo con la Ley de Moisés, debían cumplir el rito de la purificación, llevaron al niño a Jerusalén para

presentarlo al Señor, [23]tal como está escrito en la Ley del Señor: Todo varón primogénito será consagrado al Señor. [24]También ofrecieron el sacrificio que ordena la Ley del Señor: una pareja de tórtolas o dos pichones.

Para comprender ese texto tenemos que ir un poco más atrás en el tiempo. Se habla una tradición *"de acuerdo con la Ley de Moisés"*. Por lo tanto, nos encontramos ya en otra Alianza o Pacto distinto al de Abraham. La alianza con Moisés es más compleja porque incluye muchas prácticas relativas al cumplimiento de la Ley, pero con relación a la presentación veremos a qué se refiere específicamente:

[1]Yahvé habló a Moisés para decirle: [2]"Habla a los hijos de Israel y diles: Cuando una mujer conciba y tenga un hijo varón, quedará impura durante siete días, igual que en el tiempo de sus reglas. [3]El niño será circuncidado en su carne al octavo día, [4]pero ella esperará treinta y tres días para ser purificada de su sangre. No tocará ninguna cosa santa, ni entrará en el santuario, hasta que se cumplan los días de su purificación.

[7 días + 33 días = 40 días]

[5]Si dio a luz una niña, estará impura dos semanas, y lo mismo será doble el tiempo de su purificación: esperará sesenta y seis días la purificación de su sangre. [6]Al cumplirse los días de su purificación, sea por niño o niña, presentará al sacerdote, a la entrada de la Tienda del Encuentro, un cordero de un año como holocausto, y un pichón o una tórtola como sacrificio por el pecado. [7]El sacerdote lo ofrecerá ante Yahvé haciendo expiación por ella, y quedará purificada del flujo de su sangre. Esta es la ley referente a la mujer que da a luz a un niño o una niña.

[14 días + 66 días = 80 días]

[8]Si la mujer no puede ofrecer una res menor, ofrecerá dos tórtolas o dos pichones, uno como holocausto y otro como sacrificio por el pecado; el sacerdote hará expiación por ella y quedará pura."

(Levítico 12, 1-8)

Este pasaje se refiere a lo que Lucas llama la "Ley de Moisés". Tenemos que ver a continuación a qué se refiere cuando dice, entonces, la "Ley del Señor".

A pesar de ser el hijo de la ancianidad, Dios le pidió a Abraham que le ofreciera en sacrificio a Isaac, su hijo primogénito. (Génesis 22, 1-18). Para Dios, todo el pueblo de Israel es su hijo primogénito (Éxodo 4, 22). El castigo para Egipto y la pena que hizo mover al Faraón para dejar salir a los israelitas de la esclavitud fue la muerte de los primogénitos. (Éxodo 11, 5). Por eso, más adelante, Dios le pide a Moisés que todo primogénito sea rescatado y consagrado al Señor (Éxodo 13, 1-2, 11-13).

[11]Cuando Yahvé te haya introducido en la tierra del cananeo y te la haya dado en posesión, [12]consagrarás a Yahvé todos los primogénitos. Todo primer nacido de tus ganados, si es macho, pertenece a Yahvé. [13]Todo primer nacido de burro ha de ser cambiado por un cordero; si no, lo matarás. Tratándose de personas,

todo hijo primogénito será rescatado.

Esta misma idea se repite en Éxodo 34, 19-20 y es considerada como uno de los mandamientos de la Alianza. Tanto así que, al no tener en propiedad tierra alguna, los primeros frutos eran de los derechos que correspondían a sacerdotes y levitas que ofrecían sacrificios en el templo (Número 18, 15-19).

> [13]Porque todo primogénito me pertenece desde el día en que hice morir a todos los primogénitos de Egipto; entonces consagré para mí a todos los primogénitos de Israel; tanto de hombre como de ganado son para mí: ¡Yo soy Yahvé!"
>
> (Números 3, 13)

Por esto, primero, a los 8 días de nacido, los padres de Jesús acuden al templo para circuncidarlo y ponerle nombre, a los 40 días de nacido Jesús, sus padres acudieron al Templo para la purificación de María y pagar el precio del rescate del primogénito.

La práctica de la presentación de los 3 años no tiene una referencia bíblica directa. Los relatos de la presentación de la Niña Virgen se encuentran en documentos antiguos, conocidos todos ellos como "Evangelios Apócrifos". En su tiempo, la Iglesia los conoció, pero consideró que no fueron escritos verdaderos y por eso no pasaron a formar parte de los libros del Nuevo Testamento.

En la narración apócrifa existen unos elementos comunes con la Sagrada Escritura, que parecieran una ampliación de los primeros relatos. Casi siempre nos encontramos ante un sacerdote del templo que no está cumpliendo como es debido con la ley de Moisés al no poder tener hijos. La pareja decide romper y un ángel les indica que deben volver juntos y concebir el hijo de la ancianidad. Entre los relatos apócrifos que hacen referencia a la presentación podemos encontrar:

1. Del *Protoevangelio de Santiago*:

(V 2.) Y los meses de Ana se cumplieron, y, al noveno, dio a luz. Y preguntó a la partera: ¿Qué he parido? La partera contestó: Una niña. Y Ana repuso: Mi alma se ha glorificado en este día. Y acostó a la niña en su cama. Y, transcurridos los días legales, Ana se lavó, dio el pecho a la niña, y la llamó María.

(VII 2.) Y, cuando la niña llegó a la edad de tres años, Joaquín dijo: Llamen a las hijas de los hebreos que estén sin mancilla, y que tome cada cual una lámpara, y que estas lámparas se enciendan, para que la niña no vuelva atrás, y para que su corazón no se fije en nada que esté fuera del templo del Señor. Y ellas hicieron lo que se les mandaba, hasta el momento en que subieron al templo del Señor. Y el Gran Sacerdote recibió a la niña, y, abrazándola, la bendijo, y exclamó: El Señor ha glorificado tu nombre en todas las generaciones. Y en ti, hasta el último día, el Señor hará ver la redención por Él concedida a los hijos de Israel.

2. Del *Evangelio del Pseudo-Mateo*
(IV 1 y 2.) Y nueve meses después, Ana dio a luz una niña, y llamó su nombre María. Y, destetada que fue al tercer año, Joaquín y su esposa Ana se encaminaron juntos al templo, y ofrecieron víctimas al Señor, y confiaron a la pequeña a la congregación de vírgenes, que pasaban el día y la noche glorificando a Dios.

Y, cuando hubo sido depositada delante del templo del Señor, subió corriendo las quince gradas, sin mirar atrás, y sin reclamar la ayuda de sus padres, como hacen de ordinario los niños. Y este hecho llenó a todo el mundo de sorpresa, hasta el punto de que los mismos sacerdotes del templo no pudieron contener su admiración.

3. De la *Historia de José el carpintero* (redacción copta).
III. Mientras mi padre José vivía en viudedad, María, mi madre, buena y bendita en todo modo, estaba en el templo, consagrada a su servicio en la santidad. Tenía entonces la edad de doce años y había pasado tres en la casa de sus padres y nueve en el templo del Señor. Viendo los sacerdotes que la Virgen practicaba el ascetismo, y que permanecía en el temor del Señor, deliberaron entre sí y se dijeron: Busquemos un hombre de bien para desposarla, no sea que el caso ordinario de las mujeres le ocurra en el templo y seamos culpables de un gran pecado.

4. Del *Evangelio Armenio de la Infancia*
III. 2. María tenía tres años, cuando sus padres la llevaron al templo, y en él permaneció doce. Al cabo de un año, sus padres murieron. María experimentó viva aflicción por la pérdida de los que le habían dado el ser, y les guardó el duelo oficial de treinta días. Establecida en el templo, fue allí educada, y se perfeccionó a la manera de las mujeres, como las demás hijas de los hebreos que con ella se encontraban, hasta que alcanzó la edad de quince años.
(Este documento hace referencia al nacimiento de la Virgen un 8 de septiembre)

Es muy probable que el origen de la fiesta de la Presentación de la Virgen en la Iglesia Católica esté relacionado con la dedicación de la basílica de Santa María Nueva, en Jerusalén, el año 543. El emperador Miguel Comeno habla de ello en una Constitución del 1166. Un canciller de la corte del Rey de Chipre, como embajador ante el Papa Gregorio XI, en 1372, le contó la grandeza de esta fiesta celebrada en las comunidades cristianas de Grecia y desde entonces el Papa introdujo la fiesta en Aviñón y después el Papa Sixto V la universalizó para toda la Iglesia celebrándose el 21 de Noviembre.

Aunque esta no es una práctica universal de la Iglesia, no sería conveniente suprimir de un cantazo lo que se viene haciendo en diversas comunidades. Nuestra comunidad es una comunidad sana y joven, con abundantes niños, cuya presencia no podemos ignorar. Por esa misma razón, aunque se quisiera hacer, no es recomendable tener las presentaciones durante la celebración de la misa dominical porque entonces se tendría que hacer cada semana y sería introducir un elemento extraño en la celebración litúrgica.

Si tenemos en cuenta que la fiesta de la Purificación de María y de la Presentación del Señor es el 2 de febrero, se podría incluir dentro de las misas de ese día o el fin de semana más cercano la celebración de presentaciones de niños. Y por la fecha del 21 de noviembre, fiesta de la Presentación de la Virgen María, la presentación de niñas.

Si durante los otros días del año, los padres solicitan la presentación de sus hijos e hijas, esto podría tener lugar al terminar la celebración de la eucaristía, de una manera más privada y sin la presencia masiva de fieles para evitar la impresión de espectáculo. Pero cuando los padres solicitan la presentación del niño o niña inmediatamente después de su bautizo debería ser desaconsejado, pues esta práctica no es muy adecuada porque coloca la presentación dentro de un lugar que no le corresponde. El bautismo es sacramento, en cambio la presentación es sólo una devoción.

11

LOS PADRINOS (¿O COMPADRES?)

«Hay indios que desean tener tres o cuatro compadres, y no permitiéndoseles, según la declaración referida (que se tenga un padrino, sea varón o mujer), usan de una ignorancia, in articulo mortis, y aún fuera de él: Tiene al niño uno en su casa, otro le echa el agua, y vienen otro u otros dos a la Iglesia para los exorcismos. En este caso, sólo es compadre el que echó el agua en casa».

P. Fr. Manuel Pérez, OSA, "Farol Indiano y Guía de Curas de Indios", México, 1713. Pág. 53

"No tiene la culpa el indio, sino el que lo hace compadre". Con razón se le llama sabiduría popular, a esa colección de dichos y expresiones cargadas de inmensa verdad, cuyo origen se pierde en la noche oscura de los pueblos. El P. Pérez, en su *Farol Indiano* puede parecernos de un tiempo muy lejano, pero en esto de costumbres y tradiciones de la Iglesia trescientos años es muy poca cosa.

Los Padrinos (y madrinas) en la liturgia de la Iglesia son cosa seria. Si no se remontan a la época apostólica, podríamos decir, sin temor a equivocarnos, que pertenecen a la época subapostólica. Al momento en que ya la predicación del cristianismo incomodaba al establishment, tanto político como religioso, de entonces y en diversos lugares se iniciaba la persecución.

Sin embargos, para acercarnos al dato, partamos desde la actualidad. Tomemos en consideración lo que dice la Iglesia actualmente sobre los padrinos y madrinas.

Para esto, veremos dos puntos de referencia: El *Catecismo de la Iglesia*

Católica, del 1997, y el *Código de Derecho Canónico*, del 1983. Ambos actualizados y reformados según las normas del Concilio Vaticano II.

A) *Catecismo de la Iglesia Católica*

1253   El Bautismo es el sacramento de la fe (cfr. Mc 16,16). Pero la fe tiene necesidad de la comunidad de creyentes. Sólo en la fe de la Iglesia puede creer cada uno de los fieles. La fe que se requiere para el Bautismo no es una fe perfecta y madura, sino un comienzo que está llamado a desarrollarse. Al catecúmeno o a su padrino se le pregunta: "¿Qué pides a la Iglesia de Dios?" y él responde: "¡La fe!".

1255   Para que la gracia bautismal pueda desarrollarse es importante la ayuda de los padres. Ese es también el papel del padrino o de la madrina, que deben ser creyentes sólidos, capaces y prestos a ayudar al nuevo bautizado, niño o adulto, en su camino de la vida cristiana (cfr. CIC can. 872-874). Su tarea es una verdadera función eclesial (officium; cfr. SC 67). Toda la comunidad eclesial participa de la responsabilidad de desarrollar y guardar la gracia recibida en el Bautismo.

1311   Para la Confirmación, como para el Bautismo, conviene que los candidatos busquen la ayuda espiritual de un padrino o de una madrina. Conviene que sea el mismo que para el Bautismo a fin de subrayar la unidad entre los dos sacramentos (cfr. Ritual de la Confirmación, Praenotandos 5; Ibíd., 6; CIC can. 893, 1.2).

2156   El sacramento del Bautismo es conferido "en el nombre del Padre y del Hijo y del Espíritu Santo" (Mt 28,19). En el bautismo, el nombre del Señor santifica al hombre, y el cristiano recibe su nombre en la Iglesia. Este puede ser el de un santo, es decir, de un discípulo que vivió una vida de fidelidad ejemplar a su Señor. Al ser puesto bajo el patrocinio de un santo, se le ofrece un modelo de caridad y se le asegura su intercesión. El "nombre de bautismo" puede expresar también un misterio cristiano o una virtud cristiana. "Procuren los padres, los padrinos y el párroco que no se imponga un nombre ajeno al sentir cristiano" (CIC, can. 855).

B) *Código de Derecho Canónico*

774   § 2. Antes que nadie, los padres están obligados a formar a sus hijos en la fe y en la práctica de la vida cristiana, mediante la palabra y el ejemplo; y tienen una obligación semejante quienes hacen las veces de padres, y los padrinos.

851   Se ha de preparar convenientemente la celebración del bautismo; por tanto:

§ 2.   Los padres del niño que va a ser bautizado, y asimismo quienes asumirán la función de padrinos, han de ser convenientemente ilustrados sobre el significado de este sacramento y las obligaciones que lleva consigo; y debe procurar el párroco, personalmente o por medio de otras personas, que los padres sean oportunamente instruidos con exhortaciones pastorales e incluso con la oración en común, reuniendo a varias familias, y visitándolas donde sea posible hacerlo.

855   Procuren los padres, los padrinos y el párroco que no se imponga un nombre ajeno al sentir cristiano.

872   En la medida de lo posible, a quien va a recibir el bautismo se le ha de dar un padrino, cuya función es asistir en su iniciación cristiana al adulto que se bautiza, y, juntamente con los padres, presentar al niño que va a recibir el bautismo y procurar que después lleve una vida cristiana congruente con el bautismo y cumpla fielmente las obligaciones inherentes al mismo.

873   Téngase un solo padrino o una sola madrina, o uno y una.

874   §1. Para que alguien sea admitido como padrino, es necesario que:

1. Haya sido elegido por quien va a bautizarse o por sus padres o por quienes ocupan su lugar o, faltando éstos, por el párroco o ministro; y que tenga capacidad para esta misión e intención de desempeñarla;
2. Haya cumplido dieciséis años, a no ser que el Obispo diocesano establezca otra edad, o que, por justa causa, el párroco o el ministro consideren admisible una excepción;
3. Sea católico, esté confirmado, haya recibido ya el santísimo sacramento de la Eucaristía y lleve, al mismo tiempo, una vida congruente con la fe y con la misión que va a asumir;
4. No esté afectado por una pena canónica, legítimamente impuesta o declarada;
5. No sea el padre o la madre de quien se ha de bautizar.

§ 2 El bautizado que pertenece a una comunidad eclesial no católica sólo puede ser admitido junto con un padrino católico, y exclusivamente en calidad de testigo del bautismo.

875   Quien administra el bautismo procure que, si falta el padrino, haya al menos un testigo por el que pueda probarse su administración.

877   § 1. El párroco del lugar en que se celebra el bautismo debe anotar diligentemente y sin demora en el libro de bautismo el nombre de los bautizados, haciendo mención del ministro, los padres, padrinos, testigos, si los hubo, y el lugar y día en que se administró, indicando asimismo el día y lugar del nacimiento.

Existen documentos antiguos, como la «*Doctrina de los Doce Apóstoles*» o Didajé, la «*Tradición Apostólica*» de Hipólito, las Catequesis bautismales de San Cirilo de Jerusalén, entre otros; documentos que se remontan al siglo II de la era cristiana, que traen referencia a la figura del padrino (o madrina) dentro del contexto de la preparación para la celebración del bautismo y la confirmación.

«¿Quieren que además dirijamos la palabra a los que responden por ustedes, para que ellos también puedan saber de qué recompensas se hacen dignos si demuestran gran preocupación por ustedes, y qué condena se les seguirá si les descuidan? Considera, querido, a los que salen fiadores de alguien en asuntos de dinero: ellos están sujetos a un peligro mayor que el mismo que ha de rendir cuentas y recibe el dinero. Efectivamente, si el que toma el préstamo se muestra bien dispuesto, aligera la carga de su fiador, pero, si en cambio resulta ingrato ¡vaya catástrofe que le prepara! Por eso cierto sabio exhorta diciendo también: Si has dado fianza, tente por deudor. Por consiguiente, si los que salen fiadores de alguien en asuntos de dinero ellos mismos se hacen responsables de la integridad de la suma, con mayor razón los que salen fiadores de alguien en asuntos espirituales y en el compromiso de la virtud deben dar prueba de una gran vigilancia y exhortar, aconsejar, enmendar y mostrar cariño de padres.

«Y no vayan a pensar que lo que se hace es casual, sino sepan con toda exactitud que entrarán a la parte de la buena fama si por medio de sus personales advertencias los van llevando de la mano hacia el camino de la virtud, pero que, si son descuidados, sobre ellos caerá muy grave condena. Por esta razón, efectivamente, es también costumbre llamar a los tales padres espirituales: para que por los hechos mismos aprendan qué gran cariño deben mostrarles al instruirlos en lo espiritual. En efecto, si bueno es ir encaminando al celo de la virtud a los que nada tienen que ver con nosotros, con mucha mayor razón debemos cumplir el mandato respecto de aquel que acogemos en calidad de hijo espiritual. También ustedes, los fiadores, han aprendido así que no es pequeño el peligro que pende sobre ustedes si son negligentes».

San Juan Crisóstomo (347-407).
Sexta Catequesis sobre el bautismo, Nros. 15 y 16.

1) En las *Sagradas Escrituras*

Aunque algunas traducciones de la Biblia puedan emplear la palabra «padrino», realmente en su contenido se desconoce esa figura y función. Hay una total ausencia de la idea que no podemos decir si los prosélitos de los judíos (Cfr. Hch 2, 11), que recibían cierto bautismo en orden a la conversión, tenían a alguien que los introducía en el pueblo de Israel.

Nada aparece en relación con Juan el bautista. Juan bautizaba a las personas «para perdón de los pecados» (Cfr. Lc 3,3), pero no aparece la figura del «padrino». Lo mismo con Jesús, que, habiendo recibido el bautismo de Juan, aunque no tenía necesidad (Cfr. Mt 3, 13-17), sin embargo, no se conoce que tuviera padrino o madrina. Y, aunque es escasa la referencia de que Jesús bautizaba (Cfr. Jn 4, 1-2), tampoco parece que existían padrinos o testigos de los bautizados.

2) En la época apostólica

Tras el discurso de Pentecostés, se bautizaron unos 3,000 (Cfr. Hch 2, 37–41). Felipe bautiza el eunuco (Cfr. Hch 8, 34–40), Pablo es bautizado por Ananías (cfr. Hch 22, 12–16), Cornelio por Pedro (cfr. Hch 10, 44–48)… En ninguno de ellos hay referencia al padrino.

3) Después de los Apóstoles

Si bien la comunidad crecía y el cristianismo se extendía por diversos lugares, la antipatía de los judíos y de los paganos desató diversas persecuciones contra los cristianos. La mayoría de los Apóstoles murieron martirizados. Los primeros tres siglos de expansión del cristianismo estuvieron marcados por el alto riesgo de entregar la vida como mártir.

Según parece, esa misma realidad hacía que el cristianismo fuera favorecido con innumerables conversiones.

Es por eso años cuando se establece un proceso de preparación para el bautismo, que se llamó catecumenado. La persona que se quería bautizar, el catecúmeno, tenía que ser presentado a la comunidad por un garante o fiador, que pudiera certificar la certeza de su buena intención y no fuera a ser un espía que venía a conocer quiénes eran y dónde vivían los cristianos para perseguirlos.

Andando los años, esta persona vino a tomar el papel de acompañante en el proceso catecumenal, viniendo a ser como una especie de instructor (el que instruía a los catecúmenos era el obispo) que garantizaba el proceso de aprendizaje del catecúmeno. Así, poco a poco, va apareciendo la figura del padrino, para los hombres y de la madrina, para las mujeres.

4) Rito de la Iniciación Cristiana de Adultos (RICA)

No bastaba simplemente la buena voluntad. El que quería ser cristiano debía recibir una instrucción previa que le enseñara lo que significaba ser cristiano. Era admitido en la comunidad a través de un proceso que variaba con relación al tiempo, pero alcanzaba su mayor intensidad durante la cuaresma y llegaba a su culmen la noche de Pascua.

El Ritual de la Iniciación Cristiana de Adultos habla de grados (etapas) y tiempos:

1) El primer grado, etapa o escalón es cuando el catecúmeno se enfrenta con el problema de la conversión y quiere hacerse cristiano, y es recibido por la Iglesia como catecúmeno.

2) El segundo grado es cuando madurando ya la fe, y finalizado casi el catecumenado, el catecúmeno es admitido a una preparación más intensa de los sacramentos.

3) El tercer grado, cuando acabada la preparación espiritual, el catecúmeno recibe los sacramentos, con los que comienza a ser cristiano.

Estos tres grados se marcan o sellan con tres ritos litúrgicos: el primero, por el rito de Entrada en el catecumenado; el segundo, por la

Elección y el tercero, por la celebración de los Sacramentos.

Los grados, por tanto, introducen a las etapas de instrucción y maduración, o por ellas son preparados:

4) El primer tiempo, o etapa, por parte del candidato exige investigación, y por parte de la Iglesia se dedica a la evangelización y «precatecumenado» y acaba con el ingreso en el grado de los catecúmenos.

5) El segundo tiempo comienza con este ingreso en el grado de los catecúmenos, y puede durar varios años, y se emplea en la catequesis y ritos anejos. Acaba en el día de la «Elección».

6) El tercer tiempo, bastante más breve, que de ordinario coincide con la preparación cuaresmal de las Solemnidades pascuales y de los sacramentos, se emplea en la «purificación» e «iluminación».

7) El último tiempo, que dura todo el tiempo pascual, se dedica a la «mystagogia», o sea a la experiencia espiritual y a gustar de los frutos del Espíritu, y a estrechar más profundamente el trato y los lazos con la comunidad de los fieles.

El padrino (o la madrina, en el caso de la mujer) acompaña al catecúmeno durante todo este proceso, ayudándolo, orientándolo, sirviendo de apoyo en el proceso de aprendizaje.

5) El bautismo de los niños

Por muchos años la Iglesia no tenía un ritual propio para el bautismo de los niños. Prácticamente se seguía, de manera abreviada, el mismo esquema del ritual para el bautizo de los adultos.

Tenga en cuenta que el cristiano siempre cree «en-la-Iglesia»; es decir, desde ella y dentro de ella. No existe la fe individual o personal en Dios, ni la fe de toda la Iglesia es una suma de las individuales. La fe solo se entiende como un asentimiento personal si al mismo tiempo es comunitario. En ese sentido los padres y los padrinos hacen la renuncia y profesión en lugar del niño (en su nombre), abriéndole así a una vida de salvación desde sus primeros días.

La fe es un don que exige un desarrollo, un camino de conversión. En ese sentido el papel de los padres y padrinos no termina en la liturgia del bautismo: desde los primeros siglos de la Iglesia, los padrinos tenían una gran responsabilidad en la vida del bautizado. Toda la comunidad eclesial participa de la fe de cada persona, y por tanto toda la comunidad contribuye a desarrollar la vida de fe. Pero de forma muy especial, por el valor humano de su testimonio y compañía para el significado de la fe en la vida del bautizado. Se trata de acompañar y ayudar a descubrir la nueva vida a la que ha sido llamado, el reino de Cristo que se abre a cada paso de su camino por su participación en Cristo.

6) ¿Padrinos en el Matrimonio?

Definitivamente, no. En ningún lugar en todo el Código de Derecho Canónico hace referencia a padrinos con relación al matrimonio. Sin embargo, dice lo siguiente:

> 1108   § 1. Solamente son válidos aquellos matrimonios que se contraen ante el Ordinario del lugar o el párroco, o un sacerdote o diácono delegado por uno de ellos para que asistan, y ante dos testigos, de acuerdo con las reglas establecidas en los cánones que siguen, y quedando a salvo las excepciones de que se trata en los cc. 144, 1112 § 1, 1116 y 1127 § § 1 y 2.

Los testigos (que no los padrinos), son tan importantes en la celebración del matrimonio que puede darse el caso de faltar el obispo, el párroco u otro sacerdote, el diacono e incluso el laico autorizado, pero, de cualquier manera el matrimonio debe celebrarse ante dos testigos:

> 1116   § 1. Si no hay alguien que sea competente conforme al derecho para asistir al matrimonio, o no se puede acudir a él sin grave dificultad, quienes pretenden contraer verdadero matrimonio pueden hacerlo válida y lícitamente estando presentes sólo los testigos:
> 1.   en peligro de muerte;
> 2.   fuera de peligro de muerte, con tal de que se prevea prudentemente que esa situación va a prolongarse durante un mes.
> § 2. En ambos casos, si hay otro sacerdote o diácono que pueda estar presente, ha de ser llamado y debe presenciar el matrimonio juntamente con los testigos, sin perjuicio de la validez del matrimonio sólo ante testigos.

7) ¿Por qué no hay "padrinos" en la Primera Comunión?

La razón es bien simple. La función del padrino, de acompañar al catecúmeno al Bautizo y conducirlo a la Confirmación, termina con la celebración de esta. La Eucaristía, aun siendo uno de los tres sacramentos de iniciación cristiana se considera que es ya comida de adultos (1 Cor. 3, 2; Heb 5, 12, 13; 1 Pe 2, 2).

8) ¿Padrinos en las Quinceañeras?

Se debería buscar otro nombre para aquellos que quieren ser solidarios con los gastos de la familia que celebra la quinceañera. La Quinceañera, aunque muy noble costumbre, no debería dársele la importancia que recibe y palabras como padrinos, consagración, etc…

deberían suprimirse. Esto ya lo veremos en otra ocasión.

9) ¿Y en las Presentaciones?

Los padres de familia, por devoción personal, cuando traen por primera vez una criatura al templo, pueden presentarla al Señor dando gracias por la vida. Para hacer eso, no se necesita ayuda de nadie, ni del sacerdote. La Presentación no tiene un rito o normas sancionadas por la Iglesia. En todo caso, también se le debería dejar de llamar padrinos a los que participan en la presentación.

10) En conclusión

La misión del padrino surge por voluntad de la Iglesia y es un servicio de la Iglesia para la Iglesia. Su objetivo es ayudar a crecer en la fe al "apadrinado". Si bien se establecen lazos de parentesco espiritual, eso es secundario. El bolo, o los otros compromisos del padrino no tienen nada que ver con la fe ni con la Iglesia, son aspectos culturales, bonitos allí donde se tengan, pero no pertenecen al patrimonio de la Iglesia.

Entonces, ¿por qué se ha venido haciendo lo contrario? Por condescendencia. Porque no comprendemos que tanto la condescendencia como el asistencialismo son dos actitudes que verdaderamente no ayudan en nada, sino que mantienen la estructura corrupta de las cosas.

También porque hoy día el complacer gana amigos, y el decir las verdades, enemigos[1].

---

[1] Publio Terencio Africano (166 a. C.), La Andriana, Acto I, Escena I.

12

LAS COMUNIONES

Se puede observar en cada misa dominical la escasa participación de los fieles hispanos en la recepción de la Sagrada Cominión durante la celebración de la Eucaristía. La participación es nula si se trata de ocasiones especiales como funerales o bodas. Realmente, este problema apunta a una catequesis deficiente y, por qué no decirlo, a errores en la predicación de los pastores.

Algunos, por exceso, consideran que no deben comulgar si tienen hijos viviendo en amasiato. Otros, han entendido que antes de cada comunión debe preceder el sacramento de la penitencia. Si no se han confesado, no pueden comulgar. Téngase en cuenta que en la enseñanza de la Iglesia esto es verdad si se tiene conciencia de tener algún pecado mortal. Pero esta parte casi siempre se ignora. Se prefiere caminar a lo seguro: blanco o negro.

I. Las Primeras (segundas, terceras...) comuniones
Cuando se aproxima el final del año lectivo se acerca el momento de las primeras comuniones. Coinciden con el tiempo pascual de la Iglesia. Pues de extenderse más allá afectarían a la manera en cómo las familias planean el verano.

Año tras año tenemos las mismas quejas: escasa perseverancia de las familias en la atención a la celebración de la eucaristía dominical, excesivo gasto, ... Dejando muchas veces la impresión que la primera comunión será la última.

El problema con las primeras comuniones no es reciente. Son quejas llevan años. Sin embargo, llegado el momento, repetimos lo mismo cada vez esperando que tengan algún resultado diferente y que de alguna manera funcione.

Cuando hace un par de años visitaba a un amigo y colega, que tenía muchos años sin ver, mientras le esperaba, me puse a caminar por los alrededores de su parroquia. A una cuadra del templo encontré un letrero que ofrecía bautizos, bodas, primeras comuniones... Y no tenía nada que ver con la iglesia. Era un salón comunitario. Lo mismo sucede con muchas tiendas, que tienen preparada una mercadotecnia que por lo visto si les funciona.

a. Situación del problema

Que el problema no sea nada nuevo no debe desanimarnos para buscar posibles soluciones. Cada año hacemos lo mismo esperando resultados diferentes. Sin embargo, no creo que lo que tenemos hoy sea lo pretendido por S. S. san Pío X en el decreto *Quam Singulari*.

La situación hunde sus raíces en la práctica de la comunión de la comunidad hispana. Hay problemas que aún no han sido confrontados y tienen mucho que ver con la mala exposición de la doctrina cristiana (Cfr. *Gaudium et Spes*, 19).

Un niño se acusaba en confesión de no haber venido a misa el domingo pasado. ¿De quién es el pecado? ¿Del niño o de sus padres? El niño, como tal, no dispone de autonomía para trasladarse a la iglesia por su propia voluntad. Tanto para venir a misa o como cualquier de sus otras actividades depende de la voluntad de los padres. Lo mismo en el problema que presenta la falta de perseverancia en las primeras comuniones. La responsabilidad de los padres no debe pasar a ser culpabilidad de las criaturas.

Existe una razón más profunda en relación con la comunión frecuente. Los mayores se apartan regularmente de la comunión. Sus razones tendrán, pero cuando esas razones tienen que ver con deficiencias en la fe, entonces pasa la responsabilidad de la situación a los mismos pastores.

b. De dónde venimos.

Leemos en los Hechos de los Apóstoles el testimonio de las primeras comunidades en su participación en la eucaristía. Hace presumir que todos los que participaban en la reunión de la comunidad necesariamente, voy a decirlo así para simplificar, recibían la comunión: «*Se mantenían constantes en la enseñanza de los apóstoles, en la comunión, en la fracción del pan y en las oraciones»* (Hch 2, 42).

Cabe aclarar que a la comunión que se refiere en la cita no se trata de lo que nosotros entendemos hoy día, sino de un sentido más profundo. Sería como lo desarrolla el evangelista Lucas más adelante: *«La multitud de los creyentes tenía un solo corazón y una sola alma»* (Hch 4, 32).

La *"fracción del pan"*, el partir el pan, así como los discípulos de Emaús reconocieron al Señor (Cfr. Lc 24, 13) fue como durante muchos años se conoció la celebración de la eucaristía. Al parecer, por los datos que nos ofrece san Pablo, en las primeras comunidades se fue organizando la *«cena del Señor»*. La celebración estaba vinculada a una cena previa, en donde los comensales primero comían y luego celebraban la eucaristía. Pero los excesos hicieron que esta práctica desapareciera muy pronto (Cfr. Hch 6, 1ss. 1Cor 11, 17ss).

Por casi más de diez siglos, la práctica en la Iglesia era que todos, incluyendo los niños de pecho, recibieran la comunión en la celebración eucarística. Es muy fácil entenderlo, pues una de las características del cristianismo que lo diferencia de otras religiones es la participación familiar. En los primeros tres siglos las reuniones de los cristianos se celebraban en casas de familias. Los judíos ya para entonces además del templo disponían de las sinagogas, donde la separación de hombres y mujeres era la norma, el niño, como no conocía la Ley, se consideraba empecatado y no podía participar en las actividades de la sinagoga hasta no haber celebrado su Bar-Mitzvah y ser considerado "hijo de la Ley".

En los primeros años del cristianismo no existió necesidad de imponer ninguna regla en lo referente a la comunión. Todos los presentes en la celebración de la eucaristía se acercaban a la mesa sin ningún problema. Tanto así que los problemas a los que hace referencia san Pablo en la primera carta a los corintios no se limitan exclusivamente a la celebración de la cena del Señor sino a una comunidad excesivamente desorganizada.

Con el paso del tiempo la práctica de la comunión va decayendo, al modo que se hace necesario animarla de alguna manera. El concilio de Agdes, celebrado en el 506, en el canon 18, determina: *«No se crean por católicos ni se tengan entre ellos a los seglares que no comulgaren en la Natividad del Señor, Pascua y Pentecostés»*.

Es necesario aclarar en este punto que se refiera al mínimo de la práctica. La iglesia siempre ha procurado la comunión frecuente, pero en caso de que los fieles desistan de acercarse a la comunión, al menos lo debían hacer tres veces al año.

Aun así, la iglesia llegó a ser más complaciente, reduciendo la práctica de la comunión a al menos una vez al año, como es la legislación vigente hoy en día (cfr. CIC 1389, CDC 920). Ya en el año 1215, en el IV Concilio de Letrán, convocado por Inocencio III, en el canon 21 se ordena: «Todos los fieles de uno y otro sexo llegados a la edad de la discreción, reciban con respeto el santo Sacramento de la Eucaristía a lo menos por la Pascua, a no ser que por orden y dictamen de su propio confesor se tenga por más conveniente diferir para otro tiempo la Comunión, por alguna causa justa y razonable; que si llega el caso de dejar de cumplir con esta obligación, sea privado de la entrada en la Iglesia por toda su vida, y de la sepultura eclesiástica si muere en este estado» (Dz 812).

c. La herejía jansenista

El jansenismo fue una corriente de pensamiento, acción y espiritualidad que se desarrolló en la Iglesia Católica tras la publicación de la obra póstuma *"Augustinus"* de Cornelio Jansenio (1585-1638), obispo de Ypres, Francia. Este movimiento se extendió por Europa, pero sus consecuencias aún se pueden ver dentro de la Iglesia en muchos lugares.

Primero fue la discusión teológica que se desarrolló por la publicación del libro sobre san Agustín. Junto a esta discusión, el jansenismo influyó en el rigorismo moral y espiritual de los siglos XVIII y XIX, y también repercutió en la política por su lucha contra los jesuitas y la independencia de los obispos del Papa.

Sin entrar en muchos detalles sobre los otros aspectos del jansenismo, vamos a considerar aquí únicamente el rigorismo moral y espiritual con las consecuencias que esto ha tenido para la Iglesia aún hasta hoy día.

Uno de los exponentes del jansenismo, Antonio Arnauld, publicó en el año 1643 el libro *"De la frecuente comunión"*. Este libro se divulgó popularmente, pero, a decir de San Vicente de Paul, si el libro benefició a cien personas, hizo más daño a cien mil. En este libro, Arnauld considera la Eucaristía no como un medio para la santificación, sino al contrario, como un premio a las almas verdaderamente santas que podían acercarse a ella tras una dura penitencia, porque lo cual resulta casi imposible comulgar con frecuencia. Ello suponía que sólo aquellos "que sentían una decisiva llamada de la Gracia divina" podían comulgar, de ahí, que la dejar de recibir la comunión eucarística empezó a parecer como un signo de humildad. También recomienda a los confesores la imposición de duras y severas penitencias para purificar las almas y hacerlas dignas de recibir la Eucaristía.

El rigorismo predicado por los jansenistas, tanto el de tipo moral como el de tipo religioso, sirvió a muchos de fácil pretexto para abandonar todo a la gracia victoriosa de Dios y no intentar siquiera con sus débiles fuerzas humanas prepararse dignamente a la recepción de los sacramentos, cosa -según ellos- imposible. El rigorismo echó por tierra la auténtica confianza, que nace del amor y busca el amor del Señor. Las consecuencias de esta doctrina fueron funestas. Como era tan difícil poder comulgar, entonces la gente se abandonó a la tibieza y el laxismo. En vez de llevar una vida más piadosa lo que resultó fue el abandono de las prácticas religiosas.

La Santa Sede intervino en la discusión en 1679 con un Decreto de la Sagrada Congregación del Concilio (12 de febrero del 1679) bajo el pontificado de Inocencio XI, que abordaba la cuestión de la comunión frecuente y diaria, ya planteada en 1587 por el obispo de Brescia.

No será hasta el 20 de diciembre de 1905, en que san Pío X, con el decreto *"Sacra Tridentina Synodus"* zanjará la cuestión de la comunión frecuente resolviendo, al menos de manera doctrinal, aunque no en la práctica, el problema de la herejía jansenista.

El Sagrado Concilio de Trento, teniendo en cuenta las inefables gracias que provienen a los fieles cristianos de recibir la Santísima Eucaristía, dice: Desearía, en verdad, el Santo Concilio que en cada una de las misas comulguen los fieles asistentes, no sólo espiritual, sino también sacramentalmente. Estas palabras dan a entender con bastante claridad el deseo de la Iglesia de que todos los fieles diariamente tomen parte en el celestial banquete, para sacar de él más abundantes frutos de santificación.

2. Estos deseos coinciden con los en que se abrasaba nuestro Señor Jesucristo al instituir este divino Sacramento. Pues El mismo indicó repetidas veces, con claridad suma, la necesidad de comer a menudo su carne y beber su sangre, especialmente con estas palabras: Este es el pan que descendió del Cielo; no como vuestros padres comieron el maná y murieron: quien come este pan vivirá eternamente. De la comparación del Pan de los Ángeles con el pan y con el maná fácilmente podían los discípulos deducir que, así como el cuerpo se alimenta de pan diariamente, y cada día eran recreados los hebreos con el maná en el desierto, del mismo modo el alma cristiana podría diariamente comer y regalarse con el Pan del Cielo. A más de que casi todos los Santos Padres de la Iglesia enseñan que el pan de cada día, que se manda pedir en la oración dominical, no tanto se ha de entender del pan material, alimento del cuerpo, cuanto de la recepción diaria del Pan Eucarístico.

3. Mas Jesucristo y la Iglesia desean que todos los fieles cristianos se acerquen

diariamente al sagrado convite, principalmente para que, unidos con Dios por medio del Sacramento, en él tomen fuerza para refrenar las pasiones, purificarse de las culpas leves cotidianas e impedir los pecados graves a que está expuesta la debilidad humana; pero no precisamente para honra y veneración de Dios, ni como recompensa o premio a las virtudes de los que le reciben. Por ello el Sagrado Concilio de Trento llama a la Eucaristía antídoto, con el que somos liberados de las culpas cotidianas y somos preservados de los pecados mortales.

...

4. Pero cuando poco a poco hubo disminuido la piedad, y principalmente cuando más tarde se halló por doquier extendida la herejía jansenista, se comenzó a disputar acerca de las disposiciones necesarias para la frecuente y diaria comunión, y, como a porfía, cada cual las exigía mayores y más difíciles como absolutamente necesarias. Estas disputas dieron por resultado que sólo a poquísimos se tuviera por dignos de recibir diariamente la Santísima Eucaristía y sacar de este saludable Sacramento sus más abundantes frutos, contentándose los demás con alimentarse de él una vez al año, al mes, o, a lo sumo, a la semana. Es más, se llegó a tal exigencia que quedaban excluidas de frecuentar la Mesa celestial clases sociales enteras, como los comerciantes y las personas casadas.

...

5. No dejó la Santa Sede de cumplir su deber en cuanto a esto. Pues un decreto de esta Sagrada Congregación, que empieza *Cum ad aures*, del día 12 de febrero de 1679, aprobado por Inocencio XI, condenó estos errores y refrenó los abusos, declarando al mismo tiempo que todas las personas, de cualquier clase social, sin exceptuar en modo alguno a los comerciantes y casados, fueran admitidas a la Comunión frecuente, según la piedad de cada uno y el juicio de su confesor. El día 7 de diciembre de 1690 fue condenada por el decreto *Sanctissimus Dominus noster*, de Alejandro VIII, una proposición de Bayo que pedía de aquellos que quisieran acercarse a la sagrada Mesa, un amor de Dios purísimo sin mezcla de defecto alguno.

Con todo, no desapareció por completo el veneno jansenista, que había inficionado hasta las almas piadosas so pretexto del honor y veneración debidos a la Eucaristía. La discusión de las disposiciones para comulgar bien y con frecuencia, sobrevivió a las declaraciones de la Santa Sede; y así hasta teólogos de gran nombre juzgaron que sólo pocas veces, y cumplidas muchas condiciones, podía permitirse a los fieles la Comunión cotidiana.

6. No faltaron, por otra parte, hombres dotados de ciencia y piedad que abrieran fácil entrada a esta práctica tan saludable y acepta a Dios, enseñando, fundados en la autoridad de los Padres, que nunca la Iglesia había preceptuado mayores disposiciones para la Comunión diaria que para la semanal o mensual; y que eran muchísimo más abundantes los frutos de la Comunión diaria que los de la semanal o mensual.

...

8. Y así, la Sagrada Congregación del Concilio, en la sesión plenaria del día 16 de diciembre de 1905, examinó detenidamente este asunto, y, ponderadas seriamente las razones en pro y en contra de una y otra opinión, determinó y declaró lo que sigue:

1º. Dese amplia libertad a todos los fieles cristianos, de cualquier clase y condición que sean, para comulgar frecuente y diariamente, pues así lo desean ardientemente Cristo nuestro Señor y la Iglesia Católica: de tal manera que a nadie se le niegue, si se halla en estado de gracia y tiene recta y piadosa intención.

2º. La rectitud de intención consiste en que el que comulga no lo haga por rutina, vanidad o respetos humanos, sino por agradar a Dios, unirse más y más con El por el amor y aplicar esta medicina divina a sus debilidades y defectos.

3º. Aunque convenga en gran manera que los que comulgan frecuente o diariamente estén libres de pecados veniales, al menos de los completamente voluntarios, y de su afecto, basta, sin embargo, que estén limpios de pecados mortales y tengan propósito de nunca más pecar; y con este sincero propósito no puede menos de suceder que los que comulgan diariamente se vean poco a poco libres hasta de los pecados veniales y de la afición a ellos.

4º. Como los Sacramentos de la Ley Nueva, aunque produzcan su efecto ex opere operato, lo causan, sin embargo, más abundante cuanto mejores son las disposiciones de los que los reciben, por eso se ha de procurar que preceda a la Sagrada Comunión una preparación cuidadosa y le siga la conveniente acción de gracias, conforme a las fuerzas, condición y deberes de cada uno.

5º. Para que la Comunión frecuente y diaria se haga con más prudencia y tenga más mérito, conviene que sea con consejo del Confesor. Tengan, sin embargo, los Confesores mucho cuidado de no alejar de la Comunión frecuente o diaria a los que se hallen en estado de gracia y se acerquen con rectitud de intención.

6º. Y como es claro que por la frecuente o diaria Comunión se estrecha la unión con Cristo, resulta una vida espiritual más exuberante, se enriquece el alma con más efusión de virtudes y se le da una prenda muchísimo más segura de felicidad, exhorten, por esto, al pueblo cristiano a esta tan piadosa y saludable costumbre con repetidas instancias y gran celo los Párrocos, los Confesores y predicadores, conforme a la sana doctrina del Catecismo Romano.

7º. Promuévase la Comunión frecuente y diaria principalmente en los Institutos religiosos, de cualquier clase que sean, para los cuales, sin embargo, queda en vigor el decreto Quemadmodum, del 17 de diciembre de 1890, dado por la S. Congregación de Obispos y Regulares; promuévase también cuanto sea posible en los Seminarios, cuyos alumnos anhelan por servir al altar; e igualmente en los demás colegios cristianos de la juventud[2].

...

Como el decreto señala la comunión frecuente de las personas casadas (cfr. Nro. 4 arriba), ante la persistencia de la herejía jansenista, se vio necesario recomendar a los casados la misma observación que sobre esto hace san Francisco de Sales:

Es conveniente, ahora, decir cuatro palabras a los casados. En la Ley

---

[2] Tomado de <http://www.clerus.org/clerus/dati/2004-06/24-15/mpsacra>, consultado en mayo 2018.

antigua, no era cosa bien vista que los acreedores exigiesen el pago de las deudas en día festivo, pero aquella Ley nunca reprobó que los deudores cumpliesen sus obligaciones y pagasen a los que lo exigían. En cuanto a los derechos conyugales, si bien es de alabar la moderación, no es pecado hacer uso de los mismos los días de comunión, y el pagarlos no sólo no es reprobable, sino que es justo y meritorio. Así, pues, nadie que tenga obligación de comulgar se ha de privar de la comunión a causa de las relaciones conyugales. En la primitiva Iglesia, los cristianos comulgaban cada día, aunque estuviesen casados y tuviesen fruto de bendición; por esto te he dicho que la comunión frecuente no ocasiona ninguna molestia ni a los padres, ni a las esposas, ni a los maridos con tal que el alma que comulga sea prudente y discreta[3].

d. La Primera Comunión de los niños

La catequesis previa a la primera comunión eucarística se está interpretando con el mismo sentido que una graduación, tras la cual el fiel (debería decir in-fiel) no vuelve a aparecerse jamás por otra celebración eucarística sino es como invitado a una boda, a un funeral o cualquier otra celebración en la que acontece una misa -y la mayoría de las veces tampoco comulga sino es por la celebración de la propia boda.

No me extrañaría que más de cuatro se sorprendieran al conocer que la Primera Comunión, tal como la tenemos hoy, no llega a cumplir los 100 años en la vida de la Iglesia. Aunque el decreto oficial que la sanciona es del 1910, hay que tener presente que se lleva un tiempo considerable en la Iglesia entre la promulgación de un documento y su recepción. Por eso se puede decir que la Primera Comunión es apenas una práctica de unos cien años en la Iglesia. Y conste que no es exactamente lo que se hace hoy lo mismo que pretendió la Iglesia al principio.

Como toda la iniciación cristiana desemboca en la Eucaristía, fue costumbre en la Iglesia dar la comunión a los niños tan pronto se bautizaban. Hubo un concilio que llegó a determinar que no se les amamantara después del bautizo hasta no haber recibido la comunión. Por razones prácticas, se les dio la comunión bajo la especie de vino, mojando el celebrante la punta de su dedo y colocándolo en la boca de los infantes. La práctica de dar la comunión a los niños desde su bautismo y todos los domingos aun se conserva en la Iglesia Ortodoxa.

Poco a poco se fue introduciendo el retrasar la comunión de los niños hasta una edad más avanzada, pasada la pubertad y en algunos

---

[3] San Francisco de Sales. Introducción a la Vida Devota, Parte II, Cáp. 20.

lugares llegó a conferirse prácticamente hasta el día de la boda. No se puede negar en esto los influjos de la herejía jansenista.

Se puede reconocer que, en algunos lugares, como Francia y España, se venía celebrando con cierta solemnidad la Primera Comunión, pero con diferentes criterios de acuerdo con la edad.

Lo que es indiscutible es la unificación de la práctica bajo el decreto *"Quam singularis"* de Pío X, del 7 de agosto del 1910. Veamos las normas que estableció para la Primera Comunión:

10. Bien considerados estos antecedentes, esta Sagrada Congregación de Sacramentos, en la sesión general celebrada en 15 de julio de 1910, para evitar los mencionados abusos y conseguir que los niños se acerquen a Jesucristo desde sus tiernos años, vivan su vida de Él y encuentren defensa contra los peligros de la corrupción, juzgó oportuno establecer las siguientes normas, sobre la primera comunión de los niños, normas que deberán observarse en todas partes:

1) La edad de la discreción, tanto para la confesión como para la Sagrada Comunión, es aquella en la cual el niño empieza a raciocinar; esto es, los siete años, sobre poco más o menos. Desde este tiempo empieza la obligación de satisfacer ambos preceptos de Confesión y Comunión.

2) Para la primera confesión y para la primera Comunión, no es necesario el pleno y perfecto conocimiento de la doctrina cristiana. Después, el niño debe ir poco a poco aprendiendo todo el Catecismo, según los alcances de su inteligencia.

3) El conocimiento de la religión, que se requiere en el niño para prepararse convenientemente a la primera Comunión, es aquel por el cual sabe, según su capacidad, los misterios de la fe, necesarios con necesidad de medio, y la distinción que hay entre el Pan Eucarístico y el pan común y material, a fin de que pueda acercarse a la Sagrada Eucaristía con aquella devoción que puede tenerse a su edad.

4) El precepto de que los niños confiesen y comulguen afecta principalmente a quienes deben tener cuidado de los mismos, esto es, a sus padres, al confesor, a los maestros y al párroco. Al padre, o a aquellos que hagan sus veces, y al confesor, según el Catecismo Romano, pertenece admitir los niños a la primera Comunión.

5) Una o más veces al año cuiden los párrocos de hacer alguna comunión general para los niños, pero de tal modo, que no sólo admitan a los noveles, sino también a otros que, con el consentimiento de sus padres y confesores, como se ha dicho, ya hicieron anteriormente su primera Comunión. Para unos y para otros conviene que antecedan algunos días de instrucción y de preparación.

6) Los que tienen a su cargo niños deben cuidar con toda diligencia que, después de la primera Comunión, estos niños se acerquen frecuentemente, y, a ser posible, aun diariamente a la Sagrada Mesa, pues así lo desea Jesucristo y nuestra Madre la Iglesia, y que los practiquen con aquella devoción que permite su edad. Recuerden, además, aquellos a cuyo cuidado están los niños, la gravísima obligación que tienen de procurar que asistan a la enseñanza pública del Catecismo, o, al menos, suplan de algún modo esta enseñanza

religiosa.

7) La costumbre de no admitir a la Confesión a los niños o de no absolverlos nunca, habiendo ya llegado al uso de la razón, debe en absoluto reprobarse, por lo cual los Ordinarios locales, empleando, si es necesario, los medios que el derecho les concede, cuidarán de desterrar por completo esta costumbre.

8) Es de todo punto detestable el abuso de no administrar el viático y la extremaunción a los niños que han llegado al uso de la razón, y enterrarlos según el rito de los párvulos. A los que no abandonen esta costumbre castíguenlos con rigor los Ordinarios locales.

Si comprobamos nuestra práctica actual con las decisiones del decreto tenemos que reconocer que nos estamos quedando cortos sobre todo en algunos puntos importantes.

La edad de la discreción

Se consideran los siete años para esta edad. El desarrollo psicopedagógico del niño nos debería indicar apropiadamente el mejor momento para iniciar la catequesis orientada a la Primera Comunión. Si bien se puede admitir que hay niños que antes de esa edad ya muestran la debida madurez, no se debería en modo alguno retrasar la primera comunión más allá de los doce años.

Los rudimentos del catecismo

No se puede exigir del niño algo más allá de su capacidad. Pero tampoco es conveniente abandonar por completo el crecimiento en la fe una vez recibida la Primera Comunión. El decreto aclara que: "Después, el niño debe ir poco a poco aprendiendo todo el Catecismo, según los alcances de su inteligencia".

El rol de los padres o tutores del niño

No corresponde al párroco o a quien hace sus veces, decidir la admisión de los niños a la eucaristía, la iniciativa corresponde a los padres y al confesor. Es necesario lograr que los padres sean capaces de preparar a sus hijos para la eucaristía y, juntamente con el párroco, determinar el momento apropiado. El párroco tendría el deber de vigilancia y orientación y, eventualmente, de facilitar la acción de los padres.

El papel de los padres no se reduce a la Primera Comunión, sino que deben procurar que los niños se acerquen frecuentemente a la Eucaristía y que reciban, en todo momento, la formación necesaria.

e. Una propuesta.

Cabe preguntarse si lo que se está haciendo ahora en la Iglesia, con relación a las primeras comuniones corresponde completamente al deseo del Papa Pío X en el decreto *Quam Singularis.*

¿Dónde hemos dejado el cumplimiento del precepto pascual que nos pide la comunión al menos una vez al año?

En la noche de pascua hay una renovación de la iniciación cristiana recibida y el compromiso asumido en el bautismo. No se trata de añadir nada nuevo y ninguna otra cosa para el creyente, pero si de encontrar la ocasión especial para reafirmar la fe.

Lo mismo que sería importante destacar el aniversario del bautismo, habría que buscar caminos para actualizar el compromiso del cristiano con el precepto pascual.

Es conveniente que vayamos dejando a un lado la palabra "primera" en la Comunión y pasáramos a la celebración de la comunión solemne cada año en el tiempo de Pascua.

Se debería volver a la práctica anterior al *Quam Singulari*, de manera que se mantuviera en vigor la intención de la Iglesia de que los fieles comulguen al menos una vez al año. Se podrían desarrollar programas catequísticos orientados a los meses de verano que cada año involucraran a los mismos niños (el problema está en los padres de familia) de manera que tras la celebración de la debida confesión sacramental y comunión se cumpliera lo decretado por el cuarto concilio de Letrán.

Es una pena, pero la falta de catequesis es general en la Iglesia, aún en lugares de mucha tradición católica sigue floreciendo la herejía jansenista.

13

QUINCEAÑERAS

Vir ante decimum sextum aetatis annum completum, mulier ante decimum quartum item completum, matrimonium valide inire non possunt.

Can. 1067, 1 (1917); Can. 1083, 1 (1983)

No puedo negar lo mucho que se ha escrito acerca de la Quinceañera, pero la evidencia histórica es otra cosa.

Es cierto que, en las sociedades, especialmente en las primitivas, los pasos de la vida están marcados por momentos especiales, que popularmente se conocen como ritos de iniciación. La antropología cultural tiene abundante experiencia en este tipo de ritos que no entraremos a detallar aquí, aunque nos detendremos en el de la quinceañera.

La oferta comercial es abundante. Las razones pueden ser las más disparatadas. Pero hay que sacarle el mayor jugo posible, no a la celebración, sino al bolsillo de los padres.

Algunos pretenden decir que esta celebración empieza con los aztecas. ¿Cierto? Parece que nunca se han dado cuenta que, aunque en la sociedad azteca existían ciertas clases sociales, la mayoría, abundantemente, era pobre. Además, ¿Cómo computaban el tiempo para determinar que habían pasado ya quince años del nacimiento? Un poco de coherencia histórica y esa afirmación se desarma por su falta de consistencia.

Aunque parezca algo raro, reglas y leyes, de manera ordenada y clara, han sido codificadas en la Iglesia en dos ocasiones. La actual es del 1983 con algunas modificaciones recibida a lo largo de estos últimos años. La primera fue en el 1917, promulgada por el Papa Benedicto XV. En el capítulo que trata de las personas jurídicas, el individuo para este caso, indica la mayoría de edad para los 18 años, quedando a juicio de las Conferencias Episcopales determinar otra cosa. Sin embargo, el documento del 1917 presenta algo distinto. Considera que una persona es mayor cuando ha cumplido ya los 21 años. A los 7 se considera que tiene uso de razón, pero especifica como edades del menor los catorce para el varón y doce para la mujer.

Cuando el Código del 1917 habla de ser una persona mayor a los 21 años, prácticamente se está refiriendo a la edad adulta. Otra manera de decirlo sería la ley del 1917 consideraba a una persona de 21 años como si fuera un anciano.

Mientras que el nuevo código determina la edad para ambos sexos, el de 1917 considera menores, sujetos de derechos a los que la patria potestad no se los impida, el varón a los catorce y la mujer a los doce (canon 88, 2). Lo curioso es que ambos códigos, consideran la misma edad para contraer matrimonio: el varón dieciséis y la mujer catorce (1917 Can. 1067, 1 y 1983 Can. 1083, 1).

El asunto va todavía más lejos. En los manuales para los sacramentos de tiempo atrás, se encuentra como práctica habitual la edad de catorce años para el varón y doce para la mujer. El indicar una edad para el matrimio no era exclusivo de la Iglesia. Más bien, la Iglesia lo copia de la sociedad, considerando las diversas tradiciones del derecho en diferentes países.

Creo que debería ser indiscutible reconocer que entre las costumbres de las distintas comunidades indígenas existentes para la época de la conquista y de las que han perdurado después no se puede afirmar que la celebración de la fiesta de los quince años tiene su origen entre ellos. Y si por la edad de casamiento vamos, ya para entonces serían madres de más de tres. ¿Cómo irían a celebrar una fiesta propia de soltería cuando ya estaban casadas?

Es cierto que surge la pregunta: ¿Dónde y cómo nace la fiesta de quince años? Podría ser que en esta celebración haya habido algo de transculturización de la fiesta americana conocida como «Sweet Sixteen», los dulces dieciséis. Como otras tantas cosas más que nacen en los Estados Unidos y son asumidas por los mexicanos y luego exportadas a México. La idea no es tan loca si considera el origen y proceso de los burritos.

La parafernalia de la celebración ha convertido a la quinceañera en una novia en pequeño. De ahí el extravagante vestido que nunca más en su vida vuelve a usar y ni tampoco puede usarlo otra joven. Nada más intente decirla a una niña que va a usar el vestido de quince que usó su primita para que vea la que se arma. También aparece el famoso cojín que aparte de no tener sentido es algo completamente inútil. Es simplemente un gasto que favorece a los comerciantes.

El exceso ha llegado a haber quinceañeras que traen entre sus "regalos" las dichosas "velas de la unidad" que serían más propia de una boda que de otra cosa.

¿Hay que decir algo del "chambelán de honor"?

La fiesta de los quinceaños ha quedado, al presente, como una boda en chiquito.

Y, sin embargo, ese no es el problema.

Primero que nada, debemos reconocer que se ha perdido el sentido del ridículo. No me apena decirlo. Más bien me apena ver las ridiculeces que hacen en las celebraciones de los quinceaños.

Dejando a un lado el problema del alcohol en una fiesta de quinceañera -es ilegal tomar alcohol hasta los 21 años-, la injusticia que clama al cielo es por qué gente que andan batallando con dos o más trabajos cada uno de la pareja para salir adelante con las cuentas del mes, que no les alcanza para ahorrar tienen la ridiculez de hacer un gasto, padrinos apartes, de 20 ó 30 dólares en una fiesta de una noche. La verdad que esto clama al cielo.

Una vez comentaba con un colega que, a Dios gracias, nunca he tenido la desagradable experiencia de tener una boda y que uno de la pareja no se presente, pero que, por confusión con el horario, me presenté para una quinceañera y no llegó nadie. El colega me dijo que también le había sucedido eso. Le habían pedido que celebrara una misa para una quinceañera pero que, llegado el día, nadie se presentó. Añadió además que durante la semana investigó y se encontró con la triste sorpresa de que la quinceañera no llegó porque ese mismo día estaba dando a luz.

¿Acaso la celebración que hacemos de semejante manera no se equipara con una feria en donde se expone el ganado para encontrar el mejor postor? Y no es mi intención comparar la joven con una vaca, pero si la celebración con la feria.

Por años he venido pensando el por qué la gente pobre pobre se da lujos que los ricos ni se atreven. ¿Tendrá algo que ver el afán de demostrarle a los del rancho que se alcanzó el "sueño americano"? Pero es que hacerlo así no es sueño, es pesadilla.

La gente pobre paga por las cosas mucho más que los ricos pagan por lo mismo. Pareciera que la pobreza no está en la escasez de bienes sino en la escasez de cerebro.

Y en todo esto resuenan en mi cabeza las palabras de Freire: "*El oprimido tiene introyectada la imagen del opresor*". La frase es complicada. Al mismo tiempo es lo que explica por qué el mánager de la misma raza es más cruel con sus hermanos de raza sobretodo si ha salido de entre ellos. En este caso que nos interesa es ya que no podemos, al menos debemos parecer. No somos ricos, al menos parezcamos como que lo somos y así los demás se apantallarán.

Nunca he visto una fiesta en que los invitados no se pongan a criticar al anfitrión que los ha alimentado. No falta el que si los frijoles tenían poca sal o las tortillas no estaban bien calientes. Siempre hay críticas. En esto soy de la opinión que, si de cualquier manera te van a criticar, hazlo al menos de una forma que no te duela el bolsillo. Porque si vas a poner a brincar unos cuantos changos por unas cuantas horas y no habrá manera de que los dejes contentos, al menos que tú no quedes triste con una deuda que tendrás que pagar por años.

Pero volvamos a la joven quinceañera. ¿Qué queda después de la cruda de los invitados? ¿Podrá contar con lo necesario para tener una educación universitaria y así garantizar un buen futuro para ella y su prospectiva prole?

Algunos consideran que lo que no se gana no se pierde. Condenarse en vida a ganar 600 a la semana (el mínimo) cuando se podría haber hecho por ganar 1,600 es ir perdiendo al mes 4 mil dólares. En 20 años eso suma más de un millón. Y ya lo cantaba Gardel: ¡Que veinte años no es nada! ¡Pero un millón es un millón!

14

EL SACRAMENTO DEL MATRIMONIO

Con relación al Sacramento del Matrimonio más que mucho que decir hay mucho que aclarar. Una de las situaciones más conflictivas en la pastoral hispana es la celebración del matrimonio. Primero que nada, porque el mismo matrimonio se maneja con razones del corazón. Y ya Pascal lo dejaba bien claro: el raciocinio no tiene lugar cuando domina el corazón y menos en la celebración del matrimonio.

La mayoría de la gente que aún se casa -porque muchos no le dan importancia o lo consideran de mala suerte- cuando viene a la Iglesia lo hace buscando no lo que la Iglesia ofrece sino lo que ellos han visto en la televisión o en cualquier revista del corazón.

Hace unos años, cuando Niurka Marcos (como la "samaritana" de los cinco maridos) se casó con Bobby Larios la ceremonia, con misa, se celebró en casa de Niurka. No faltó quien tuviera los mismos deseos, sin conocer que el supuesto "obispo" que celebró la boda de Niurka y Bobby venía de lo que se conoce en México como la iglesia de la "Santa Muerte". Aquello pudo haber sido una boda por lo civil y lo religioso, pero no por la Iglesia Católica. David Romo Guillén, quien presidió la ceremonia, unos años después fue hallado culpable de secuestro, extorsión y robo y fue condenado por ello.

Si bien la boda en la comunidad hispana no llega a ser tan novelera o novelesaca, aunque algunas veces así parece, sin embargo, si no hay una atención pastoral previa (-y no necesariamente reducida a la preparación prematrimonial de la pareja-) muchas veces se ve plagada de elementos excesivos y ajenos a la liturgia.

¿Culpa de los novios? Tal vez ellos sean los menos responsables de todos esos desmanes que hay relativos a la boda. Muchas veces los novios actúan bajo la influencia de los familiares. Pero también por dejadez, los ministros ordenados que presiden sobre las bodas (sean obispos, presbíteros o diáconos) permiten, por alcahuetismo incomprensible o enfermizo paternalismo, los desmanes que se hacen en la celebración de matrimonios en la Iglesia.

¡De acuerdo! "Es el día más importante…" ¿O lo es…? En realidad, me pregunto si es verdaderamente el día más importante cuando todo se planea y, muchas veces se hace, antes de considerar el momento de la celebración. ¡Cuántos no son los que dejan para lo último el aspecto religioso de la celebración del matrmonio! Se reserva el salón, el mariachi, etc., y por último acuden al templo parroquial. Si tomáramos en serio el sacramento del matrimonio muchas de estas cosas no pasarían. La mayoría de las veces la pareja está más atenta a lo que acontece antes o después de la ceremonia de bodas que a la misma ceremonia. Y durante la misma ceremonia se pone más atención al fotógrafo o a la cola del vestido de la novia que a lo que realmente está aconteciendo.

Ha sucedido, y seguirá sucediendo, que parejas se acercan a la Iglesia queriendo casarse el Sábado Santo. Esto habla de dos problemas al mismo tiempo: tienen una escasa formación en la fe y, además, una pobre consideración en la escala de jerarquía de valores. Además, hay una ignorancia crasa en sobre todo en dos momentos importantes en la celebración: la aclamación de la asamblea después del consentimiento y la bendición nupcial. Pareciera que muy pocos conocen de estos dos momentos. Tanto así que ni siquiera los que atienden regularmente a las misas lo conocen.

Ni hablar de la confusión respecto a la velación y las velas en el matrimonio. Esa es otra historia.

La mayoría de los elementos que aparecen en la celebración del sacramento del matrimonio en la comunidad hispana vienen de la tradición hispano-mozárabe de Toledo, España, que se remonta al siglo V de la era cristiana. Llegó al continente americano, al parecer, de mano de los evangelizadores de México. Ellos usaron para su trabajo evangelizador el "Manual de Toledo" o "Manual Toledano", que contenía los ritos de la celebración de varios sacramentos, usualmente los permitidos a los presbíteros, esto es, bautismo, eucaristía, penitencia, matrimonio y unción de enfermos. Que la tradición toledana llegó a México, eso no tiene discusión. Aún en 1846 se podía encontrar en México el "Manual Romano-Toledano y Yucateco para la administración de los santos sacramentos" del P. Joaquín Ruz.

Para la velación propiamente dicha, aún hoy día se usa en Toledo un velo, blanco por arriba y rojo por debajo, que se coloca cubriendo la cabeza de la novia y los hombros del novio durante la bendición nupcial en la celebración del matrimonio.

Parece ser que, por extensión, el momento de la bendición nupcial vino a llamarse "velación". Pero en este caso, velación viene del uso del velo, no de las velas, como veremos más adelante.

Entonces, ¿de dónde vienen las "velas de la unidad"? Al parecer no hay una respuesta clara sobre el origen de las velas de la unidad, pero lo que se puede afirmar inmediatamente es que no es de origen católico al cien por ciento.

En el website de "For Your Marriage" de la Conferencia Episcopal de Estados Unidos, cuando explica lo de las velas de la unida dice: «Algunos afirman que fue popularizado por la boda en televisión de Luke y Laura en [un episodio del] 1981 de "General Hospital", aunque hay evidencia de su uso a mediados de la década de 1970. Algunas fuentes afirman que se desarrolló como una forma de vender a las parejas tres libras de cera por $ 50 dólares».

Aunque en tal episodio de la boda de Luke y Laura, en realidad, no aparecen las velas. Sin embargo, en un episodio de "The Young and The Restless", en la boda de Lauren y Michael, episodio que puede ser anterior al de General Hospital, aparecen las tres velas encendidas. Los partidarios de considerar el origen de esta nueva costumbre en el mundo de la televisión romántica y sentimental tienen un pequeño problema. Se piensa en que los productores no podían hacer una ceremonia de boda confesional y recurrieron al uso de la vela para darle algún significado. El problema está en que las velas en "The Young and The Restless" aparecen en un candelabro con el símbolo de los anillos matrimoniales. Esto haría suponer que ya para entonces el uso de las velas en ceremonias nupciales era algo común.

Lo que no se puede negar es que si bien, el origen del uso de las velas en el matrimonio no viene de las telenovelas del corazón, ésta le dio popularidad inmensa al punto de llegar a confundir la velación y los padrinos de velación (del velo), como si fuera relacionado con las velas de la unidad.

En lo que se refiere a la celebración del matrimonio actual y los usos y costumbres que empleamos hoy en día, no hay mejor referencia que descubrir cómo se hacía la ceremonia del matrimonio en el pasado y buscar allí la razón de lo que hoy se hace para ver si existe alguna continuidad.

¡Pobre Sacramento del Matrimonio! Tan vilipendiado.

1. Traditio Puellae

¿Sabemos lo que hacemos? ¿Hacemos lo que sabemos? Considero que no hay nada más fascinante como conocer la historia, el pasado. Aunque probablemente, más que conocerla, investigarla. He ahí la fascinación. El pasado es rico en experiencias que parecen olvidadas pero que dieron sentido a muchas de las acciones que realizamos hoy día. Esto no quita que tengamos un problema común: pensamos que como son las cosas en la actualidad, así han sido siempre y lo serán por los siglos de los siglos… Nada más lejos de la verdad.

¿Se ha preguntado alguna vez si comprendemos las cosas que hacemos?

Me refiero en este particular, desde la posición de testigo cualificado para recibir el consentimiento de los esposos en la celebración de la boda, la cantidad de veces que he visto cosas que yo no haría precisamente por lo que significan. Y, sin embargo, parecieran que son hechas intencionalmente. Déjeme que me explique.

El matrimonio lo hace la pareja que se casa. Así se ha entendido siempre. Nadie casa a nadie porque para eso hay que hacer un libre ejercicio de la voluntad. El que recibe el consentimiento, tanto en nombre de la Iglesia como del Estado, es simplemente un testigo cualificado, que actúa en conjunto con otros testigos en la celebración del matrimonio. Lo que atestigua es la realidad que ha visto acontecer ante sus ojos. La verdad del hecho.

Es difícil para la pareja que quiere casarse hacer caso a todas las opiniones, pues no son más que eso, que escuchan de los papás, tíos, primos, etc.… Tal vez sería lo más recomendable para la pareja que, antes de decidir, se preguntara qué hay de cierto en todas esas historias. De hecho, para casarse sólo se necesita una cosa: tener con quién. Lo demás, aunque puede adornar la celebración, en verdad, sobra.

¿Qué es la «traditio puellae»?

La respuesta rápida es que esta frase del latín significa en castellano la "entrega de la joven". (Nótese que hace referencia a la palabra "tradición", como aquello que se entrega. Conviene aclarar que no siempre lo que se entrega es recibido. Cuando algo se recibe y uno demuestra que lo recibió, entonces se le llama en latín "reditio"; de ahí la relación traditio-reditio).

¿Se "cosificaba" la mujer? Probablemente. Lo que está en juego es lo que se llama la "patria potestad" (el poder de los padres sobre los hijos, que más que poder es responsabilidad, pero esa es otra historia). La patria potestad de la mujer pasaba directamente de las manos del padre -de su padre o progenitor- a las de su marido. O como si de una cosa se tratara, la mujer pasa de ser propiedad de sus padres a ser propiedad de su marido.

El tema hunde sus raíces en la edad media. De hecho, de allí vienen muchas costumbres que todavía hoy hacemos. En los pueblos germánicos y franceses, el matrimonio era un contrato entre el tutor o padre de la novia y el futuro marido. Se celebraba en diversas etapas o momentos y una de ellas era la "traditio puellae", la entrega de la joven. De la sumisión a los padres a la sumisión al marido. Esto se hacía, también, con la carta de arras o los bienes que en ese entonces se intercambiaban por el matrimonio. Era como una paga del futuro marido a los padres de la joven casadera.

Lo importante en esto es que, a partir del siglo XII, especialmente bajo la influencia de los canonistas Pierre Lombard (v. 1100- 1160) y Roland Bandinelli, quien sería luego el papa Alejandro III (1159-1181), la Iglesia comenzó a liberar a los hijos de la tutela paterna y a concederles su plena libertad en el dominio matrimonial: reconoció la validez de las uniones concertadas no solamente sin el consentimiento de los padres, sino incluso en contra de su voluntad. Así, el rito de la entrega (tradición) de la joven (traditio puellae), que no era desde entonces más que una simple formalidad, desapareció poco a poco de los rituales del matrimonio.

¿Desapareció? Ya quisiera que fuera cierto. Pues algunos se empeñan en revolver viejas costumbres que por alguna razón particular dejaron de practicarse.

Hace ya más de 500 años que el matrimonio venía haciéndose "in facie ecclesiae", esto es, literalmente, ante la cara de la Iglesia o en presencia de la Iglesia. Allí, a la puerta, afuera, la pareja celebraba el matrimonio y luego era introducida al templo para la velación, esto es, la misa y bendición nupcial.

De los malentendidos de entonces queda aún, de manera muy fuerte, aquello de que los novios no pueden verse. La razón es actualmente supersticiosa y una falsa creencia. Y no deja de ser cierto, al mismo tiempo, porque se supone que el velo cubra la cara de la novia y así, entre ellos, no pueden verse hasta que intercambien el consentimiento y el esposo descubra a la esposa del velo que le tapa la cara.

Pero volvamos a nuestro tema. ¿Por qué debemos quitar esa "entrega de la novia"? Legalmente, si tiene más de 18 años ya el padre perdió la patria potestad. Se le considera adulta. Así que lo que se pretende mostrar, no existe. El problema más serio tiene que ver en la convivencia de la nueva pareja que inicia su vida matrimonial.

La "entrega de la joven" que actualmente se hace no tiene ya el sentido que tenía en el pasado pero ha servido muchas veces para justificar la violencia doméstica: "Es-mi-mujer…" Como si de verdad alguien pudiera ser de alguien, y entonces se justifica el trato cruel e inhumano de la que tantas veces es víctima la mujer: "a mí me la entregaron y yo hago con ella lo que me venga en gana".

Esa "entrega" no debe usarse para justificar ningún tipo de violencia. Y si se tiene la mínima sospecha de así pueda ser, entonces no solamente se debería evitar, sino que tampoco sería recomendable que la pareja se casase. Que la princesa bese al sapo y se convierta en príncipe, sólo ocurre en los cuentos.

2. Cómo se celebraba el matrimonio en el pasado.

Como punto de partida y elemento referencial tenemos como fruto del Concilio de Trento, dentro de la reforma litúrgica de entonces, el Ritual Romano del 1614, para la celebración de los sacramentos, en donde encontramos el rito del sacramento del matrimonio. Este Ritual, permaneció en vigor hasta 1969 y contiene la costumbre de entonces acerca del intercambio de los consentimientos *"in facie ecclesiae"*, la unión de las manos con la fórmula sacerdotal *"Ego coniungo vos"*, la bendición del anillo nupcial de la esposa y la fórmula de conclusión.

Sin embargo, al acercarnos al estudio de la historia de la celebración del matrimonio en el pasado nos podemos confundir con los títulos de los libros. Actualmente, a los libros que contienen las ceremonias y ritos les llamamos "rituales". Existe así un [libro] ritual del matrimonio, como lo mismo de la penitencia, del bautismo, etc. Pero antiguamente no se les llamaba con este nombre, sino con uno más lógico para entonces. A estos libros se les daba otro nombre, se les llamaba *"manual"* (de estar o tenerlos en la mano). En estos manuales se encuentran las ceremonias que entonces se celebraban.

Una peculiaridad de los libros de entonces es que el título solía ser muy extenso. Para lo que sigue a continuación voy a usar el *"Manual Romano Toledano y Yucateco para la administración de los santos sacramentos"* del R. P. Fray Joaquín Ruz publicado en Mérida de Yucatán en el año 1846[4].

Como otros manuales, tiene las instrucciones en español, abunda en frases y textos en latín y, en ese caso, las expresiones que se deben decir a los nativos en legua maya. Existen manuales con traducciones al azteca y otras lenguas indígenas.

Usualmente, estos manuales estaban al servicio de los presbíteros. Por eso no traen los sacramentos de la confirmación y el orden, pero sí todo lo demás.

De acuerdo con estos manuales, conforme a la tradición de la Iglesia y a las decisiones de los concilios, las bodas estaban prohibidas durante la cuaresma y el adviento. Posteriormente, por privilegio espacial de los indios, que se podían casar en cualquier época del año, se llegó a permitir la boda en adviento y cuaresma, pero sin boato, sobrias. En estos manuales de distinguía entre el matrimonio propiamente dicho, que consistía en el intercambio del consentimiento y la velación, que en algunos momentos se aprecia como el intercambio del anillo o los anillos, las arras y la misa con la bendición nupcial.

En los primeros años de la Iglesia, los cristianos se casaban conforme a las leyes civiles de los lugares donde se encontraban. Muchas veces estos matrimonios tenían lugar en la misma casa de los contrayentes. Con el tiempo se va imponiendo la necesidad de contraer matrimonio en el ámbito de la Iglesia, tanto así que la expresión *"in facie ecclesiae"* llegó a significar eso, la necesidad de hacer el matrimonio en la presencia o ante la cara de la Iglesia.

Conviene recordar que, por siglos, la pareja se casaba de la manera que se hacía en la sociedad civil. Muchas veces estos matrimonios se hacían sin la presencia de testigos. El problema venía después. Cualquiera, de manera interesada, podía alegar que no se había casado. Usualmente, esto dejaba en muy mala posición a la mujer. Este es el caso de José y María. Oficialmente se reconocen como pareja, pero ante el embarazo de María, y por lo visto, José tenía muy claro que el asunto no era suyo, éste decide repudiarla en secreto "porque era muy

---

[4] Puede encontrarlo en: https://archive.org/details/manualromanotole00ruzj.

bueno", añade Mateo (Cfr. Mt 1, 19).

Con el tiempo se llegó a establecer que podía haber separación entre el matrimonio y la velación, pero por cierto tiempo. Sin embargo, aquellos que eran casados sin ser velados debían vivir separados y pasado cierto tiempo sin haber recibido la velación, ser denunciados y multados yendo una parte del monto de la multa al denunciante como recompensa.

En un manual en particular se aconseja que los contrayentes, durante la misa nupcial tengan en sus manos unas velas. Pero el tema de la velación, de acuerdo con el rito mozárabe, hace más bien referencia a la necesidad del velo que cubría la novia durante la ceremonia del matrimonio. Aparte de esta referencia, en ningún otro manual vuelve a aparecer el tema de las velas.

Por privilegio especial durante los primeros años de la evangelización en las tierras americanas, los indígenas podían casarse durante cualquier fecha del año (incluso adviento y cuaresma) pero debía reservarse la velación para el momento en que sí estaba permitida. De celebrarse el matrimonio durante adviento o cuaresma, no se podía hacer la velación con pompa ni se podía celebrar la misa por los esposos. Los matrimonios entre españoles no gozaban de este privilegio especial. También, cabe señalar que tenían cierta dispensa del impedimento de consanguinidad, permitiéndoles casarse con parientes relativamente cercanos (primos hermanos).

a) Moniciones, amonestaciones o proclamas

Actualmente la pareja se presenta en la oficina parroquial para iniciar el proceso de las proclamas o amonestaciones. En muchos lugares de México, siguiendo lo indicado en el instructivo para el matrimonio del 2006, la pareja debe presentarse con dos fotografías y documento de identidad. En el pasado era diferente.

El P. Ruz inicia el tema del sacramento del matrimonio de esta manera:

> Avisado el párroco de que en su parroquia se ha de contraer algún matrimonio, sepa primero, de aquellos a quienes toca, quienes y cuáles son los que le quieren contraer, si tienen algún impedimento canónico: si espontánea y libremente, y conforme al honor y reverencia debida al Sacramento quieren contraerle: si tienen ya la edad legítima, que en el varón es, por lo menos de catorce, y en la hembra de doce años cumplidos, y en fin, si saben la doctrina Cristiana; debiendo, como deberán, enseñarla después a sus hijos.

Ya en este párrafo tenemos varias cosas que llaman la atención y además desmitifican otras creencias.

"*Sepa primero, de aquellos a quienes tocá*" ¿Serán los contrayentes o alguien más en la comunidad esos de quienes tiene que saber o se referirá directamente a la pareja en cuestión? Para decirlo en pocas palabras, el matrimonio se hacía de manera pública.

También se debe analizar si no había algún "impedimento canónico".

Los impedimentos canónicos con relación al matrimonio, tanto para entonces como para ahora, son situaciones particulares que pueden hacer inválido un matrimonio o que definitivamente prohíbe que sea celebrado o si celebrado, lo anula. Esta es la lista actual, y una breve explicación, de los impedimentos de acuerdo con el Código de Derecho Canónico del 1983 (cánones 1083-1094):

1) *Edad* (c. 1083): 16 para el varón y 14 para la mujer, pero la Conferencia Episcopal puede establecer una edad superior. Actualmente es 18 años para ambos.

2) *Impotencia antecedente y perpetua* (c. 1084).

3) *Vínculo anterior* (matrimonio previo que no ha sido anulado) (cc. 1085, 1071, §1,3)

4) *Religión mixta* o *diferencia de cultos* (c. 1086). Un católico y otra persona no bautizada o de confesión cristiana no católica.

5) *Órdenes sagradas* (c. 1087) (diácono, presbítero o sacerdote, y obispo)

6) Si alguno de los dos ha hecho *voto público de castidad* (c. 1088).

7) *Rapto o secuestro* (c. 1089). Podría incluir la acción de "robársela" a los padres para casarse, si es contra la voluntad de la otra parte de la pareja. Para poderse casar con la persona "robada", debe recuperar su libertad y manifestar libremente que es su intención y deseo casarse.

8) *Crimen* (c. 1090). Matar al conyugue para quedar libre y poderse casar de nuevo.

9) *Consanguinidad* (c. 1091). En línea recta (abuelos-padres-hijos-nietos…), el matrimonio es nulo. En línea colateral (tíos, sobrinos, primos hermanos…) es nulo hasta el cuarto grado.

10) *Afinidad* (los parientes políticos) (c. 1092) En línea recta (esposa, madre de la esposa, hija de la esposa…) anula el matrimonio en cualquier grado.

11) *Publica honestidad* (c. 1093). Si se ha estado viviendo con alguien en unión libre y luego decide casarse con la madre o hija (el varón) de

la pareja o viceversa. El matrimonio es nulo en línea recta.

12) *Relación surgida por adopción civil* (c. 1094). Aplica el mismo concepto del impedimento de consanguinidad con relación al adoptado y a la familia adoptante.

De esta lista de impedimentos, cabe destacar que, durante la época de la conquista, los Papas Urbano VIII y Pablo V concedieron un trato especial en cuanto a los impedimentos sobre todo de afinidad y consanguinidad, a los indígenas de América. Esa situación especial terminó muy pronto y en cosa de 50 años ya se aplicaba la practica universal en toda la Iglesia, sin distinción de indios y españoles.

Como bien puede observarse en el párrafo del P. Ruz, si se tiene en cuenta que la edad de la mujer para el matrimonio eran los doce años se termina el mito de que la celebración de los quince años (la fiesta de la Quinceañera) tiene un origen entre las celebraciones de la población azteca o aborigen en América. Si una joven podía contraer matrimonio a los doce, para los quince años ya tenía las responsabilidades de madre y ama de casa.

En cuanto a las amonestaciones, de podrían considerar como si fueran de dos clases: públicas y privadas. Las públicas eran aquellas que se debían decir en tres ocasiones consecutivas durante la misa mayor o los días de fiestas, donde se juntaba la mayor cantidad de gente posible:

> N. hijo de N. y de (o viuda de N.) de esta parroquia (o de tal parroquia) y (N. hija de N.) y de (o viuda de N.) así mismo de esta parroquia (o de N.) quieren contraer matrimonio por palabras de presente, como lo manda la santa madre iglesia: si alguno supiere algún impedimento de consanguinidad, afinidad o espiritual parentesco u otro algún impedimento por donde este matrimonio no se pueda contraer, me lo manifieste. Está es primera, segunda o tercera amonestación.

Las amonestaciones que llamaremos privadas eran dirigidas a la pareja, a veces individualmente, por separado. Durante ellas, se trataba de establecer la condición de libertad para contraer matrimonio, especialmente de la mujer, por si acaso había sido "robada" o secuestrada para contraer matrimonio, y si conocían los rudimentos de la fe, pues lo debían enseñar a la prole.

El P. Ruz presenta una "Admonición" para los contrayentes que trataré de citar libremente para, adecuándola al lenguaje actual, hacer más fácil su lectura:

ADMONICIÓN

Sacada de la doctrina del Romano, que se ha de hacer a los que contraen Matrimonio.

Miren, hermanos, que celebran el Sacramento del Matrimonio, necesario, para la conservación del género humano, permitido a todos, si no tienen algún impedimento: instituido por nuestro Dios en el Paraíso terrestre, y santificado con la real presencia de Cristo Redentor nuestro: uno de los siete Sacramentos de la iglesia, grande en la significación, y no pequeño en la virtud y dignidad. A los que le contraen con puras conciencias, da gracia, con la cual sobrepujan todas las dificultades a que están sujetos los casados por todo el discurso de la vida, y cumplan el oficio y obligaciones de casados cristianos. Han, pues, de considerar diligentemente el fin a que se han de enderezar todas sus acciones. Lo primero, este Sacramento se instituyó para tener sucesión; y han de cuidar de dejar herederos, no tanto de sus bienes, cuanto de su fe, religión y virtud. Se instituyó también para que los casados se ayuden el uno al otro a llevar las incomodidades de la vida y flaquezas de la vejez. Ordenen, pues la vida, de suerte que sean el uno al otro, de consuelo y alivio, y se corten las ocasiones de disgustos y molestias. Finalmente, el Matrimonio fue concedido para que por evitar la fornicación, cada uno tenga su mujer, y cada una su varón: y como está esto permitido a la flaqueza humana, así se han de guardar, de apetecer solamente el deleite en el uso del santo Matrimonio, y no deben buscarlo fuera de sus fines; pues así lo pide la fe que se han dado el uno al otro y, celebrando el Matrimonio (como dice el apóstol), ni el varón ni la mujer tienen señorío sobre su cuerpo; por lo que antiguamente los adúlteros eran castigados con severísimas penas, y ahora lo serán de Dios, que es vengador de los oprobios y desacatos, que se hacen a la Santidad de los Sacramentos. Pide la dignidad de éste, que significa la conjunción de Cristo con la iglesia, que se amen el uno al otro, como Cristo amó a la iglesia. Tú, varón, compadécete de tu mujer, como de vaso más flaco: compañera te daremos, y no sierva. Así Adán, tu primer padre, a Eva, formada de su lado, en prueba de esto, la llamó compañera. Te ocuparás en ejercicios honestos, así para conservar tu patrimonio, como para huir la ociosidad, que es la fuente y raíz de todos los males. Tú, esposa, haz de estar sujeta tu marido en todo: despreciarás el demasiado superfluo ornato del cuerpo, en comparación de la hermosura de la virtud; con gran diligencia haz de guardar las cosas domésticas: no saldrás de casa, si la necesidad no lo pidiere, y esto con licencia de tu marido. Se como huerto cerrado y fuente sellada por la virtud de la castidad. A nadie, según Dios, ha de amar más ni estimar más la mujer que a su marido; ni el marido a su mujer. Y así procuren agradarse en todas las cosas que no contradicen a la piedad cristiana. La mujer obedezca y obsequie a su marido; el varón muchas veces por paz pierda de su derecho y autoridad. Sobre todo, piensen cómo han de dar cuenta a Dios de sus vidas, y de la de sus hijos y de toda la familia. Tengan el uno y el otro gran cuidado de instruir a los de su casa en el temor de Dios. Sean ustedes santos y toda su casa, pues es santo nuestro Dios y Señor. Favorézcanse con el aumento de numerosa prole, y después del curso de esta vida les dé la eterna felicidad el mismo Dios y Señor, que con el Padre y con el Espíritu Santo vive y reina en los siglos de los siglos. Amen.

A esta "Admonición" el compendio de *Doctrina Cristiana* de Fray Juan de la Anunciación, del 1575, de donde pareciera estar tomada, añade unas notas importantes sobre el sacramento del Matrimonio que sería muy oportuno considerar en este momento:

«Este Séptimo Sacramento del matrimonio también se recibe voluntariamente y lo instituyó nuestro Señor para la multiplicación de la generación humana, y para que no se acabase, sino que siempre fuesen en aumento los hombres por casamiento. Por lo cual conviene que los casados entre sí se obedezcan acerca de su natural ayuntamiento carnal, para que puedan tener generación porque si en esto no se conformaren unos con otros ofenderán a nuestro Señor Dios pues que no se dan entre sí lo que es suyo y les pertenece.

Y tú, mujer que ya te quieres casar y unir por matrimonio entiende que cuando ya te hubieres casado eres obligada a seguir y obedecer a tu marido: por tanto, si fuere de tierra extraña y viniere de partes remotas el que te pide para casarse contigo, con esto eres avisada que si te quisiere llevar a su tierra, que has de ir con él y seguirle aunque no quieras, y ninguna persona puede hablar en esto para favorecerte.

Y también se avisa a los Padres y Madres que cuando ya han casado sus hijos ya no tienen que ver con ellos, por tanto, no anden revolviéndolo ni hablando de uno en otro, que con esto desbaratan su Matrimonio, para que se aborrezcan y quieran mal.

Y tú, mujer casada, a ninguna parte puedes ir por tu autoridad y motivo sino fuere con la voluntad de tu marido y si fueres a alguna parte sin licencia suya entiende que la pena que por esta causa te diere con su reprehensión y castigo que es justa, y que con razón te castigara, pues que pecaste.

Y también se avisa que los varones casados no fatiguen sin causa ni razón a sus Mujeres, ni tampoco esté atenido a ellas para la comida y sustento, sino que trabajen y busquen la vida para adquirir lo que hubiere menester; y también las Mujeres casadas no sean perezosas ni anden de acá para allá.

Y ni más ni menos se avisa que los Hombres y Mujeres Casados y que tienen hijos; tienen obligación de criarlos bien, en las cosas de la cristiandad y virtud, e industriarlos en todo lo bueno, de manera que no les permitan andar emborrachándose ni en amancebamientos ni en bellaquerías. Ni tampoco el padre y madre mostrarán vicios a sus hijos con mala vida y mal ejemplo.

Y, ustedes, casados ámense unos a otros y si alguna vez unos con otros tuvieren de rencillas o se enojaran no se querellen luego delante de la Justicia porque si así lo hacen es señal que se aborrecen.

Ni tampoco tu mujer o varón casado apruebes ni pases porque tu marido anda en suciedades y lujurias que gravemente pecan los que saben esto y lo toleran sin prohibírselo el uno al otro.

Luego de lo expuesto arriba, el libro de *"Doctrina Cristiana"* (el catecismo de entonces) incluye una larga de lista de los nombres de parentesco, tanto por consanguinidad como afinidad. Luego continúa con la amonestación o doctrina para la pareja que busca casarse.

Esta es una amonestación y doctrina para los que se quieren casar.

Entiendan, mis hijos, los que ya se quieren casar, que el sacramento del matrimonio que ya de presente quieren recibir les dará nuestro Señor Dios su gracia ni más ni menos de como la da Él a más sacramentos, si en gracia y aparejo le recibieren. Por tanto, aquí les relato, pongo y manifiesto todas las cosas que les son necesarias para con buen aparejo casarse y son éstas:

Que ante todas cosas se les avisa que encaminen su intención a Dios acerca de su matrimonio, quiere decir esto, que no se casen por sucio deleite o por otra cosa mundana y temporal; sino por andar siempre en bien y gracia de Dios nuestro Señor, y no en obra de pecado.

Y también les es necesario que antes que se casen sepan bien todas las cosas de la doctrina cristiana dignas de ser sabidas. Y miren que les prohíbe la santa Iglesia que ocultamente no se junten carnalmente hasta en tanto que les tome de las manos el sacerdote. Porque aquellos que carnalmente se conocen antes que el sacerdote los case cometen pecado mortal todas las veces que se conocen.

Y es muy necesario confesar antes de casar para que el Sacramento del Matrimonio no se reciba en pecado; y sino pudieren ser confesados, pongan por obra todas aquellas cosas que espiritualmente debían de obrar si con efecto se confesaran en presencia del sacerdote: conviene saber que tengan contrición de sus pecados proponiendo enmendarse para nunca más pecar y de cumplir la confesión cuando lo manda la Santa Iglesia.

Y si alguno de ustedes, de los que ahora se quieren casar, de su voluntad prometió primero a alguna persona que se había de casar con ella, y ya de presente, después de esto se quiere casar con otra, sepa el tal que es obligado a cumplir su primera promesa que hizo acerca del matrimonio, y sino la cumpliere caerá en pecado mortal por ello.

Y también son avisados que cuando alguna cosa hubiere de impedimento de parentesco de consanguinidad o afinidad en los que se quieren casar o alguno sabe que tienen otra legítima mujer que aún vive, si alguno de ustedes sabe alguna cosa acerca de esto está obligado a darlo a entender al sacerdote que por esta razón en las fiestas pregonan y manifiestan públicamente en la Iglesia a los que se han de casar antes que se casen para que si por ventura alguna persona sabe algo de ellos lo manifieste.

Y para que sea válido el matrimonio es necesario que el varón que se hubiere de casar tenga de edad catorce años, y la mujer doce.

Y si ambos, el varón viudo y la mujer viuda quisieren casarse otra vez ya no es necesario echar las bendiciones a los tales, así como se acostumbra con los que casan por primera vez, sino solamente tendrán allí misa, pues que ya antes fueron velados en tiempo de sus mujeres (o maridos) pasadas que murieron: por tanto, ninguna persona se turbe por esto diciendo, ¿por qué el Padre no nos veló en nuestras bodas? ¿quizá por ventura no es mi mujer la que tengo? Entiende mi Hijo que sí es.

Y si alguna persona de las que se quieren casar sea varón o mujer, y nunca se ha casado otra vez, muy bien se les puede echar a ambos a dos las bendiciones, aunque el uno de ellos sea viudo o viuda.

Y adviertan ustedes, que son Padres y Madres, no se haga ninguna superstición en el casamiento por la Iglesia, así como antiguamente en el tiempo de la infidelidad lo acostumbraban a hacer sus antepasados: que ustedes ya son cristianos y bautizados, por tanto, cristianamente celebren sus bodas, déjese las cosas antiguas y desatinos del Demonio.

Y también se les avisa a ustedes, Padres y Madres que no hagan fuerza a sus Hijos para que se casen contra su voluntad, sino con ella se hagan sus casamientos, que así está mandado que de voluntad se hagan.

El texto anterior que comprende las moniciones particulares en el sacramento del matrimonio está tomado del libro de «Doctrina Cristiana, muy cumplida, donde se contiene la exposición de todo lo necesario para doctrinar a los Yndios, y administrarles los Santos Sacramentos. Compuesta en lengua Castellana y Mexicana por el muy Reverendo padre Fray Juan de la Anunciación Religioso de la orden del glorioso Doctor de la Iglesia san Agustín. Dirigida al muy Excelente Príncipe don Martín Enriquez Virrey gobernador y capitán general en esta nueva España y presidente del Audiencia real que en ella reside. En México en casa de Pedro Balli, del 1575».

b) Celebración del matrimonio.

Es con pena que se observa hoy día la manera en cómo se inicia la celebración del matrimonio en el templo parroquial: inicia la procesión el novio con sus papás, seguido de un cortejo de innumerables padrinos y al final camina la novia acompañada de su padre o alguien que le representa. Llegan al altar y se detienen a dar una supuesta bendición que no ha de tener lugar en el contexto. Pero no siempre fue así. Manuel Polo y Peyrolón, en su novela "*Sacramento y concubinato*", del 1884, retrata la boda de una pareja valenciana. En el capítulo VI que lleva por título "Sacramento", antes de la boda, relata:

«Antes de que la comitiva partiese para la iglesia, los novios recibieron solemnemente la bendición paterna, según costumbre antiquísima y razonable. Casilda y Angel, arrodillados delante de sus padres, oyeron de labios del tío Bernardo y de las tías Ruperta y Vicenta, aquellas conmovedoras palabras:

¡El Señor os bendiga, os haga unos santos casados y os dé hijos para el cielo!

Todos lloraban, los que bendecían, los benditos y los concurrentes; pero a nadie impresionó tanto esta ceremonia como a la madrina»[5].

No conviene descartar por completo esta bendición a la pareja que se casa, pero si fuera conveniente colocarla en su debido lugar, en la casa. La bendición puede tener resonancias bíblicas, como se puede encontrar en el libro del Génesis (24, 60) la bendición de los padres a Rebeca, la esposa de Isaac y en el libro de Tobías (11,17) la bendición a Sarra, esposa de Tobías.

Siguiendo con la celebración del sacramento, entonces, una vez hechas las proclamas y/o amonestaciones, el sacerdote, vestido para la

---

[5] Polo y Peyrolón, Manuel - *Sacramento y concubinato*, Novela, 1884, Págs. 65-66.

ocasión de manera simple para ese entonces procede al matrimonio y la velación.

Rito de celebrar el sacramento del matrimonio.

Hechas las tres proclamas o amonestaciones en tres días festivos, (las proclamas de arriba,) y no resultando algún impedimento legítimo, el párroco que ha de celebrar el matrimonio, revestido de sobrepelliz y estola blanca en la iglesia, acompañado por lo menos de un clérigo, revestido también de sobrepelliz, que lleve este Manual y la agua bendita, delante de tres o dos testigos, estando el varón a la diestra, y la hembra a la siniestra [a quienes es conveniente, que en este acto honren sus padres o parientes con su presencia], vuelto a ellos, decláreles primero en lengua vulgar según lo mandado por el Concilio Tridentino, los frutos y efectos de este Sacramento con las siguientes palabras, o con otras como mejor pareciere.

El orden de celebrar el matrimonio en lengua castellana.

Yo les requiero y mando, que, si se sienten con algún impedimento, por donde este matrimonio no pueda ni deba ser contraído, ni ser firme y legítimo, conviene a saber, si hay entre ustedes impedimento de consanguinidad o espiritual parentesco, o de pública honestidad: si está ligado alguno de ustedes con voto de castidad o religión, o con desposorios o matrimonio con otra persona: finalmente, si hay entre ustedes algún otro impedimento, que luego claramente lo manifiesten. Lo mismo mando a los que están presentes. Segunda y tercera vez les requiero, que, si saben algún impedimento, lo manifiesten libremente.

[*Consentimiento*]

El sacerdote diga.
Señora N. ¿quiere al señor N. por su legítimo esposo y marido por palabras de presentes, como lo manda la Santa Católica Apostólica iglesia Romana?
℟ Si quiero.
Sac. ¿Se otorga por su esposa y mujer?
℟ Si me otorgo.
Sac. ¿Lo recibe por su esposo y marido?
℟ Si le recibo.
Luego el sacerdote pregunta al esposo.
Señor N. ¿quiere a la señora N. por su legítima esposa y mujer por palabras de presente como lo manda la Santa Católica y Apostólica iglesia Romana?
℟ Si quiero.
Sac. ¿Se otorga por su esposo y marido?
℟ Si me otorgo.
Sac. ¿La Recibe por su esposa y mujer?
℟ Si la recibo.

[*Recepción del consentimiento*]

> Sac. Yo de parte de Dios todopoderoso y de los bienaventurados apóstoles San Pedro y San Pablo, y de la Santa Madre Iglesia les desposo, y este Sacramento entre ustedes confirmo en el nombre del Padre, X del Hijo y del Espíritu Santo; Amen.

Los manuales más antiguos llegan a hacer una separación entre estos dos momentos: entre el consentimiento, que realiza el matrimonio, y la "velación", indicando, en todo caso, que la pareja no debe cohabitar bajo el mismo techo hasta que no se hayan velado.

Tal velación consiste en la misa nupcial. Parte para la cual la pareja es entrada al templo e invitada a permanecer de rodillas en las gradas del altar.

El matrimonio por procurador es una figura jurídica aún vigente en la Iglesia, aunque en la actualidad parece imposible, anteriormente era muy frecuente.

(Para matrimonio por procurador)

El procurador, después de haber presentado el poder que tiene para contraer matrimonio por otro, y constando de su legitimidad y suficiencia, al contraerlo debe expresar sensiblemente, de suerte que lo entiendan los presentes, a quienes toca, que presta su consentimiento, no en nombre propio, sino del que le ha dado el mandato; y puede expresarla de esta o de otra manera conveniente.

> En nombre de N. y representando su persona, por poder legítimo, que para ello me ha dado, quiero a la señora N. por su legítima esposa y mujer por palabras de presente, &c., le otorgo por su esposo y marido, y la recibo por su esposa y mujer.

> La mujer puede expresar su consentimiento de esta suerte: Estando Ud. en lugar del señor N y representando su persona, en virtud de legítimo poder, que de él tiene para contraer matrimonio conmigo, digo: que quiero a dicho señor N por mi legítimo esposo y marido, por palabras de presente &c., me otorgo por su esposa y mujer, y lo recibo por mi esposo y marido.

> Exhorte a los novios antes de recibir esta bendición en el templo, no habiten juntos en una casa misma.

> Cuando los esposos, después de contraer el matrimonio quieren velarse o recibir la bendición de la misa nupcial, van a la iglesia y se quedan fuera ante las puertas, en donde en un platillo estarán prevenidas las arras que suelen ser trece monedas, y dos anillos de oro o de plata. El sacerdote revestido de amito, alba, cíngulo, estola cruzada ante el pecho, y capa pluvial de color blanco, y precedido de sus ministros, que llevarán la cruz y el hisopo con agua bendita, y este manual,

va a las mismas puertas de la iglesia, en donde están los novios. Cuenta primero las arras, después las bendice con los anillos de esta manera.

Bendición de los anillos

Bendice, Señor, estos anillos, que en tu nombre bendecimos, para que quienes los lleven, permanezcan en tu voluntad y vivan en tu amor, lleguen hasta la ancianidad y se multipliquen por tiempo indefinido. Por Cristo Señor Nuestro, ℞ Amén.

Oremos

Creador y conservador del género humano, dador de la gracia espiritual, otorgador de la salud eterna: Tú, Señor, envía tu bendición sobre estos anillos, para que quien vaya adornado con este signo de fidelidad, en virtud de la celestial defensa, se aproveche para la vida eterna. Por Cristo Señor Nuestro, ℞ Amén.

La bendición de Dios Padre ✠ omnipotente, y del Hijo, ✠, y del Espíritu ✠ Santo, descienda y permanezca sobre estos anillos y estas arras.

℞ Amén.

Aquí el Sacerdote rocía con agua bendita los anillos, las arras y también a los circunstantes.

Luego toma con la mano izquierda uno de los anillos, lo bendice con la fórmula:

Bendice ✠, Señor, este anillo, para que su figura guarde la pureza.
y le pone en el dedo anular de la mano derecha del esposo, mientras dice:
En el nombre del Padre +, y del Hijo, y del Espíritu Santo. Amén.

Del mismo modo bendice el otro anillo, y lo entrega al esposo, quien, tomándole con los tres dedos de la diestra lo pone en el dedo anular de la diestra de su esposa.

Bendición de Arras

Sac. Nuestro auxilio es el nombre del Señor.
℞ Que hizo el cielo y la tierra. Etc.
℣ Nuestra ayuda está en el nombre del Señor.
℞ Que hizo el cielo y la tierra.
℣ Sea bendito el nombre del Señor.
℞ Desde ahora para siempre.
℣ Oye, Señor, mi oración.
℞ Y llegue hasta Ti mi súplica.
℣ El Señor sea con vosotros.
℞ Y con tu espíritu.
Oremos

Bendice, Señor, estas arras, que hoy entrega este tu siervo en manos de tu sierva, como bendijiste a Abraham con Sara, a Isaac con Rebeca, a Jacob con Raquel: dales la gracia de tu salud, la abundancia de las cosas, y la constancia de las obras; florezcan como la rosa plantada en Jericó, y teman a Nuestro Señor

Jesucristo, y adoren al Dios trino en personas, cuyo reino e imperio permanece sin fin por los siglos de los siglos.

℟. Amén.

Oremos

Señor Dios omnipotente, que mandaste unirse Isaac con Rebeca por la intercesión de las arras de tu siervo Abraham en semejanza o figura de santo desposorio, para que con la oblación de los dones creciese el número de los hijos: rogamos a tu omnipotencia, a fin de que santifiques esta oblación de las arras, que este tu siervo procura ofrecer a su amada esposa, y que propicio los bendigas a ellos juntamente con sus dones, de modo que protegidos con tu bendición, y unidos entre sí con el vínculo del amor, se alegren de servirte por siempre con tus fieles. Por Cristo Señor Nuestro.

℟. Amén.

Después poniendo el esposo sus manos juntas y abiertas con las palmas vueltas hacia arriba y sobre las de su esposa, de la misma manera dispuestas, recibe las arras, y las deja caer en las manos de su esposa, diciendo estas palabras, que le irá dictando el sacerdote: esposa, este anillo y arras te doy en señal de matrimonio. La esposa responde, yo las recibo, y deja caer las arras en el platillo, que se tendrá puesto bajo de las manos para recibirlas.

Luego el Sacerdote reza las siguientes preces:

℣. Muestra, oh, Dios, tu poderío: confirma, oh, Dios, lo que has obrado entre nosotros, ℣. En tu templo de Jerusalén, te ofrecerán dones los reyes. ℣. Reprime a las fieras de los cañaverales, o la turba de fuertes toros, con los becerros de las naciones, hasta que se postren con sus piezas de plata, ℣. Gloria al Padre, y al Hijo, y al Espíritu Santo, ℟. Como era en el principio, y ahora y siempre, por los siglos de los siglos. Amén.

Señor, tened piedad.
Cristo, tened piedad.
Señor, tened piedad.
Padre nuestro...
℣. Y no nos dejes caer en la tentación,
℟. Mas líbranos de mal.
℣. Salva a tus siervos.
℟. Dios mío, que esperan en Ti.
℣. Señor, oye mi oración.
℟. Y llegue hasta Ti mi súplica.
℣. El Señor sea con vosotros.
℟. Y con tu espíritu.

Oremos

Dios de Abraham, Dios de Isaac, Dios de Jacob, bendice ✠ a estos esposos, y siembra la semilla de la vida en sus mentes; a fin de que, cuanto entiendan ser grato a tu Majestad, lo pongan por obra. Por Cristo Señor Nuestro. ℟. Amén.

Terminadas las anteriores preces, el Sacerdote toma de las manos a ambos cónyuges y los conduce al altar recitando en el camino el Salmo 127.

Salmo 127 (De la *Biblia Latinoamérica*)
Felices los que temen al Señor y siguen sus caminos.
Comerás del trabajo de tus manos, esto será tu fortuna y tu dicha.
Tu esposa será como vid fecunda en medio de tu casa,
tus hijos serán como olivos nuevos alrededor de tu mesa.
Así será bendito el hombre que teme al Señor.
¡Que el Señor te bendiga desde Sión: puedas ver la dicha de Jerusalén durante todos los días de tu vida!
¡Que veas a los hijos de tus hijos y en Israel, la paz!

A la entrada del presbiterio arrodíllanse los esposos, y vuelto hacia ellos el Sacerdote dice:

Señor, tened piedad.
Cristo, tened piedad.
Señor, tened piedad.
Padre nuestro...
℣. Y no nos dejes caer en la tentación.
℟. Mas líbranos de mal.
℣. Señor, oye mi oración.
℟. Y llegue hasta Ti mi súplica.
℣. El Señor sea con vosotros.
℟. Y con tu espíritu.
Oremos
Bendiga Dios las palabras de vuestra boca. Amén. Junte vuestros corazones con lazo perpetuo de un sincero amor. Amén. Florezcáis con la abundancia de las cosas presentes, recojáis frutos de bendición en vuestros hijos, os alegréis por siempre con los amigos. Amén. Otorgúeos el Señor los dones perennes, extensivos también a vuestros parientes y amigos, y a todos en general los goces sempiternos. ℟. Amén.

Oremos
Bendígaos el Señor de la gloria celestial, el Rey de todos los Santos. Amén. Y os conceda la dulzura de su amor, y el disfrutar de la felicidad de la presente vida. Amén. Y habiéndoos colmado también con el gozo de los hijos, después de una larga vida os conceda habitar en las celestiales mansiones. El que vive y reina Dios por los siglos de los siglos. ℟. Amén.

Inmediatamente deja el Sacerdote la capa pluvial, toma el manípulo y la casulla, y empieza la *Missa pro sponso et sponsa*, o la del día, con la conmemoración de los mismos, según las Rúbricas.

Ritos y ceremonias de la misa Nupcial.

Hecho lo que acaba de decirse, el sacerdote deja la capa y toma el manípulo y casulla de color blanco, y dice la, misa, que en el misal Romano, entre las votivas, tiene por título, *Pro Sponso, & Sponsa*, y comienza Deus Israel conjugat vos, &c., con todo lo demás que se le añade.

Si la bendición Nupcial se diere en Domingo o en otra fiesta solemne, diga la misa de la Dominica o de la Feria y conmemoración de las Nupcias, añadiéndole también las oraciones, *Propitiáre* y *Deus qui potestáte*, con lo demás perteneciente a las Nupcias. En esta misa, aunque es votiva, se dice una sola oración. Dicho en la misa el *Pater noster*, el sacerdote antes que diga, *Libera nos, qusesumus Dómine*, &c. hecha genuflexión al Sacramento, se retira al lado de la Epístola, y se vuelve hacia los desposados, que estarán arrodillados ante el altar. En el ínterin un ministro, [en donde hubiere esta costumbre], cubra con un velo de seda de color, si cómodamente se puede, blanco y encarnado, las espaldas del esposo, y la cabeza de la mujer esposa, y también donde se acostumbrare hacerlo, únalos con la banda y cinta, llamada Yugo. Y entonces el sacerdote dice la oración *Propitiáre Dómine supplicatiónibus* &c. con la siguiente: *Deus, qui potestáte* &c. Habiéndolas dicho, vuelve al medio del altar, hace genuflexión, toma la patena y dice: *Libera nos quaesnmus* &c., y lo denas como se acostumbra. Consumido el sanguis de la comunión a los esposos, prosiga, la misa. Dicho *Benedicámus Dómino ó Ite Misa est*, si la misa del día lo pidiere, antes de bendecir al pueblo, vuelto el sacerdote a los esposos, diga la oración, *Deus Abraham*, &c., después de ella les quita el ministro el velo y Yugo; y el sacerdote con gravedad los amonestará de esta suerte.

Ya que habéis recibido las bendiciones, según la costumbre de la iglesia, lo que os amonesto es, que os guardéis lealtad el uno al otro, que en tiempo de oración, y mayormente de ayunos y festividades, guardéis castidad: que el marido ame a la mujer, y la mujer al marido; y que permanezcáis en el temor de Dios.

Después los rociará con agua bendita y como es de costumbre, dirá el Evangelio de San Juan &c. y entregará la esposa al esposo, tomando con la mano diestra levantándolos: compañera os doy y no sierva, amadla como Cristo amó a su iglesia, les echa agua bendita y dice, ite in pace.

Después de la Misa, dicho el postrer Evangelio, le dice al Novio: *Traddo tibi uxorem, non ancillam, neque servam, dilige eam sicut Christus Dominus dilexit Ecclesiam.*

Quiere decir, Advierte tu varón, que ahora te has casado, y te han echado las bendiciones, que esta tu esposa te han dado para que sea tu amada mujer, para que te competa como compañera y tu hija y así conviene que la ames como Cristo Señor nuestro ama a su Esposa la Iglesia nuestra Madre.

No la maltrates, no la entristezca, no la quites la honra, no la desampares, no la mates de hambre, sino con amor cuidaras de ella, la consolaras, y ayudaras, porque no es tu esclava, ni lo ha de ser, sino tu amada mujer, que ahora recibes con bendición, para que los dos sirváis y agradéis a vuestro Señor Dios. Andad con Dios.

15

RECONCILIACIÓN O PENITENCIA

No es que haya mucho que decir sobre este aspecto en la comunidad hispana, donde se peca más por exceso que por defecto. No se puede negar que hay un fuerte sentido de conciencia, pero predomina la una conciencia vapuleada por una predicación inmisericorde y muchas veces exagerada.

Tampoco se necesita ser un buen observador para darse cuenta que la comunidad hispana participa muy poco de la recepción de la eucaristía. Acuden a misa y se quedan sentados en los bancos o se acercan a la comunión con los brazos cruzados indicando que no quieren recibir. ¿Por qué? Simplemente porque no se han confesado.

Si se toma el tiempo para indagar, se dará cuenta que la mayoría de las veces la excusa es injustificada. Procede de una mala comprensión o lectura incompleta del catecismo. Podemos irnos lejos al catecismo de los PP. Ripalda y Astete o al catecismo del 1983 y en ambos casos encontramos la misma respuesta: "Confesar antes de comulgar si se tiene conciencia de pecado mortal". (Cfr. CIC 2042). Entonces, ¿qué pasa cuando el cristiano no ha cometido un pecado mortal? ¿Debe necesariamente confesarse?

Lo que se ha venido entendiendo de manera común es simplemente confesar antes de comulgar. Es así como no me he podido confesar, aunque no tenga materia para confesar, entonces no puedo comulgar. Si esta falacia no se aclara, la mayoría de los fieles se quedarán en las bancas, porque quién no peca a cada rato, aunque sus faltas no sean serias.

El problema es aún más profundo, cuando faltas leves y ordinarias son consideradas erróneamente como si fueran gravísimas. ¿Acaso las emociones son pecado? ¿Es que entonces Dios hizo un adefesio al poner en mí emociones?

Si en el Catecismo del 1983 queda bien claro la definición de pecado, y aún más, la de pecado mortal, ¿por qué nuestra gente no tiene las ideas claras y distintas al respecto?

Entre los números 1857-1860 está muy bien explicada la situación, pero muy pocos lo conocen.

Hace unos pocos años sabía de un presbítero que, llegado el momento de la comunión, hacía que alguien leyera una lista de pecados y advirtiera que quien hubiese cometido uno de ellos no se acercara a recibir indignamente la comunión. Y es que si aplicamos ese principio no habría sacerdote que jamás pudiera celebrar la eucaristía dignamente. Esto no era más que una violación de conciencia y un abuso de parte del sacerdote.

Otro de los mitos por lo cual muchos se retiran de la comunión es por tener hijos viviendo en amasiato. Además de atentar contra la validez del matrimonio de los hijos, va contra la misma Escritura: «Entonces no andarán diciendo más: "Los padres comieron uvas agrias y los hijos sufren dentera", sino que cada uno morirá por su propio pecado» (Jer 31, 29-30a).

Lo que por siglos dominó tanto la teología como la práctica pastoral parece haber desaparecido para siempre. *«De internis neque Ecclesia iudicat»*. De lo interno, lo que hay en la conciencia, ni siquiera la Iglesia juzga. Y cuántas veces no oímos por ahí alguien decirle a otro: "¡Vete a confesar!".

En el anterior «Catecismo del P. M. Gerónimo de Ripalda, de la Compañía de Jesús. Declarado por imágenes por el P. Jorge Mayre Alemán, de la dicha compañía. En Augusta, con privilegio de Castilla. 1616» se encuentra una práctica muy interesante sobre los pecados veniales.

El P. Jerónimo Martínez de Ripalda publicó por primera vez su Catecismo en Burgos, en el año 1591. Junto con el Catecismo del P. Astete (1599), fue traducido a diversas lenguas indígenas. Prácticamente eran los Catecismos que formaron nuestros mayores hasta la fecha del Concilio Vaticano II en 1965.

Aún es posible encontrar ejemplares, escrito en el español antiguo. Para leerlo antiguo hay que tener en cuenta el contexto. Fijarse que las "s" parecen "f" cuando no están al final de la palabra. También, tener en cuenta que algunas veces aparece una tilde sobre la "q" (q̃), en cuyo caso dice "que", o sobre alguna vocal (ō), lo que equivale a la letra "n", que entonces se debe añadir. También la "u" parece "v" y a veces son intercambiables.

Dice el P. Astete -y así se enseñó durante siglos- que:

> El pecado Venial se perdona por una de estas nueve cosas:
>> Primera, Por oír misa con devoción.
>> Segunda, por comulgar dignamente.
>> Tercera, Por oír la palabra de Dios.
>> Cuarta, Por Bendición Episcopal.
>> Quinta, Por decir el Padrenuestro.
>> Sexta, Por Confesión general.
>> Séptima, Por agua bendita.
>> Octava, Por pan bendito.
>> Novena, Por golpes de pechos.

Si, ocurre. La comunión perdona pecados. Es que no podemos estar sin pecados y por eso la comunión es fuente de perdón. Esto en cuanto a la segunda. El problema viene con la sexta. ¿Qué es confesión general? Algunos, errónemente piensan que se trata de una confesión superdetallada, de todititos los pecados desde el bautismo -y si es posible, de antes- hasta el momento presente. Una confesión de tal manera es imposible. Además, no tiene sentido. Nadie la puede hacer. Implica una negación de la gracia y misericordia de Dios.

Cuando nos referimos a "Confesión general", el mismo P. Astete lo exolica cuando pone: "La Confesión general en Romance", esto es, en lengua entendible:

> Yo, pecador, me confieso a Dios todopoderoso, a la bienaventurada siempre Virgen María, al bienaventurado san Miguel Arcángel, al bienaventurado san Juan Bautista, a los santos Apóstoles, san Pedro y san Pablo, y a todos los Santos, y a vos Padre, que pequé gravemente con el pensamiento, palabra, y obra, por mi culpa, por mi culpa, por mi gran culpa. Por tanto, ruego a la bienaventurada Virgen María, al bienaventurado san Miguel Arcángel, al bienaventurado san Juan Bautista, y a los santos Apóstoles san Pedro y san Pablo, y a todos los Santos, y a vos Padre, que roguéis por mi a Dios nuestro Señor.

Entiéndase que se trata de reconocer de una manera genérica nuestra condición de pecadores y necesitados de la ayuda de los demás para presentarnos ante Dios.

Para una mejor "confesión"

La piñata, como los espaguetis, llegó a Italia con Marco Polo. Los misioneros españoles del siglo XVI usaban la piñata como catequesis. La piñata original y más tradicional tiene siete puntos que simbolizan los siete pecados capitales o cardinales: orgullo, codicia, lujuria, envidia, pereza, glotonería e ira. Una piñata de diez puntas simboliza los pecados que vienen de romper los Diez Mandamientos.

El palo que se usa para romper la piñata representa y simboliza la Palabra de Dios (Efesios 6, 17) y la ceguera de la persona representa la fe (Hebreos 11, 1). Son las armas que tiene el cristiano para luchar contra los pecados. Al golpear y romper la piñata en pedazos, los dulces y golosinas que salen de la piñata rota simbolizan la conquista, el perdón de los pecados y un nuevo comienzo.

Como recomendación para la lucha contra los siete pecados capitales sería bueno usar las Siete Obras de Misericordia, las Corporales y las Espirituales, hacer un examen de conciencia usando no sólo los Diez Mandamientos sino también las Obras de Misericordia.

Obras de Misericordia corporales: Alimentar al hambriento, dar agua al sediento, vestir al desnudo, albergar al desamparado, visitar al enfermo, visitar al encarcelado, o rescatar al cautivo y enterrar a los muertos.

Obras de Misericordia espirituales: Instruir al ignorante, aconsejar a los que dudan, amonestar a los pecadores, soportar pacientemente a los que nos perjudican, perdonar las ofensas, consolar a los afligidos y orar por los vivos y los difuntos.

El P. Astete así también lo indica en su catecismo:

Contra estos siente vicios, hay siete virtudes.
1. Contra Soberbia, Humildad.
2. Contra Avaricia, Largueza.
3. Contra Lujuria, Castidad.
4. Contra Ira, Paciencia
5. Contra Gula, Templanza
6. Contra Envidia, Caridad
7. Contra Pereza, Diligencia.

16

ÚLTIMAS NOTAS

No porque aparezcan al final son las menos importantes. En el proceso de la pastoral todo importa. Siempre lo deberíamos ver como una realidad orgánica en donde todas las partes tienen la importancia que merecen. Aunque no puedo ser exhaustivo y considerar todos los puntos, quiero dejar constancia de algunos que me parecen necesario decir unas cuantas palabras.

En la celebración de la eucaristía, los servidores han llegado a convertirse en problema. Cierto que sirven, pero es frecuente encontrar a personas que consideran ese servicio como si fuera su cuota de poder. Se agarran al ministerio de manera que no lo quieren soltar. Son los únicos que saben qué y cómo se hacen las cosas. Y cuidado si alguien interviene, porque se arma la de Caín.

El servicio debe ser eso, servicio. No prebenda. Servir no confiere derechos. Más bien hemos de tomar como modelo de servicio al mismo Jesús que tan claro lo deja en los evangelios.

Hay que poner atención a la formación catequética de toda la comunidad, teniendo en cuenta a "los de atrás".

En cierta parroquia, por dejadez o alcahuetismo, usted decida, los que venían a poner flores colocaban arcos y floreros grandes justamente frente al altar. La visibilidad del altar y del celebrante quedaba completamente opacada. Me tomé el tiempo para explicar cómo eso afectaba la misma celebración, y les pedía a los que iban a tener cualquier celebración que colocaran las flores de forma más estratégica. Que, si iban a usar un arco, lo colocaran en la parte de atrás.

A la semana siguiente me encuentro otra vez el arco frente al altar.

Y le comento a los que arreglaban la iglesia si sabían lo que estaban haciendo. Uno de ellos me dijo que estaban siguiendo las instrucciones que había dado la semana pasada: si se iba a usar un arco había que ponerlo en la parte de atrás. Y le digo, pero ahí no es. Entonces me contesta: "¡Mire, Padre! ¿Cuál es la parte de atrás? Cuando uno entra a la iglesia, entra por el frente y ésta -el lugar donde está el altar- es la parte de atrás".

¿Será eso por lo que la gente se detiene cuando se le invita a sentarse "en el frente"? El que llega, entra al templo y se sienta en las primeras bancas que encuentra, de verdad, está en el frente. Los que están cerca del altar, están en el fondo.

Este simple criterio me ha ayudado a conocer el grado de clericalismo que tenemos entre nosotros. El laico que piense que las bancas de enfrente son las que están cerca del altar está bien clericalizado. Piensa de la misma manera que piensa el clero.

Así que, tantos los que están en las bancas del fondo, cerca del altar, como aquellos que están en las primeras bancas de la entrada, todos necesitan catequesis. Mucha gente va por la vida con lo poco que recibió al prepararse para la Primera Comunión y lo que su abuelita, santa mujer aquella, comprendía y tuvo a bien enseñarle.

Por eso hay que poner atención a la homilía. Hay ríos de tinta acerca de lo que es o no es una homilía. Y no me interesa entrar en esa discusión. Está comprobado que un 80% de la catequesis que reciben los adultos es a través de la homilía. Entonces, se hace necesario tener como punto de partida las necesidades de la asamblea congregada de manera que rinda el culto debido a Dios y salga edificada.

Ya Karl Barth indicaba lo de predicar con la Biblia y el periódico. Hoy la gente vive superinformada, que no formada. La comunidad tiene necesidades concretas que deberían ser tratadas.

Aún así, la homilía no es la solución. Esa es una sola palabra, la que viene del predicador. Una persona, para formarse, debe tener -decir- su propia palabra. Será por algo que aprender es equivalente a agarrar, a tomar propiedad de algo. No basta un discurso muy elaborado y bonito si al final la gente sólo sabe que el predicador habló de religión.

Es muy importante y conveniente que se tenga a mano, se estudie y medite constantemente sobre el libro de Paulo Freire, *«Pedagogía del Oprimido».* De allí se aprenden buenas lecciones de cómo se pueden hacer las cosas de manera que resulten más beneficiosas para la comunidad.

ACERCA DEL AUTOR

Fue ordenado presbítero en el 1988 y desde el verano del 1995 hasta el presente ejerce el ministerio en California, preferentemente entre la comunidad hispana. Por más de 15 años trabajó en la formación de estudiantes hispanos para el diaconado permanente.

www.ingramcontent.com/pod-product-compliance
Lightning Source LLC
Chambersburg PA
CBHW060812050426
42449CB00008B/1637